U0553476

过度思考者的决策指南：

启发式思维引领的管理智慧

Smart Management

［德］雷越恒（Jochen Reb）
栾胜华 著
［德］格尔德·吉仁泽（Gerd Gigerenzer）

栾胜华 等 译

机械工业出版社
CHINA MACHINE PRESS

在充满波动性、不确定性、复杂性和模糊性（VUCA）的现代社会，传统决策理论常因过度依赖复杂分析而失效。本书打破"多即是好"的迷思，提出智能启发式是应对不确定性的核心工具。作者通过心理学、经济学和管理学视角，揭示了启发式在速度、准确性和透明度上的独特优势，并结合3M的"15%法则"、马斯克的招聘策略等真实案例，阐述了其在招聘、创新、谈判等场景中的实际应用。本书为管理者、创业者和普通读者提供了一套可操作的决策框架，倡导在不确定世界中以简驭繁，将启发式从"认知偏差"转化为"智能策略"，实现高效、可持续的决策。

SMART MANAGEMENT: How Simple Heuristics Help Leaders Make Good Decisions in an Uncertain World

by Jochen Reb, Shenghua Luan, Gerd Gigerenzer

Copyright © 2024 Massachusetts Institute of Technology

Simplified Chinese Translation Copyright © 2025 China Machine Press. This edition is authorized for sale in the Mainland of P. R. China, excluding Hong Kong Special Administrative Region, Macau Special Administrative Region, and Taiwan.

All rights reserved.

此版本仅限在中国大陆地区（不包括香港、澳门特别行政区及台湾地区）销售。未经出版者书面许可，不得以任何方式抄袭、复制或节录本书中的任何部分。

北京市版权局著作权合同登记　图字：01-2024-3832号。

图书在版编目（CIP）数据

过度思考者的决策指南：启发式思维引领的管理智慧 /（德）雷越恒（Jochen Reb），栾胜华，（德）格尔德·吉仁泽（Gerd Gigerenzer）著；栾胜华等译. -- 北京：机械工业出版社，2025.6. -- ISBN 978-7-111-78666-5

Ⅰ. F272.31-62

中国国家版本馆CIP数据核字第20255KT643号

机械工业出版社（北京市百万庄大街22号　邮政编码100037）
策划编辑：赵　屹　　　　　　责任编辑：赵　屹　张雅维
责任校对：王荣庆　王　延　　责任印制：张　博
北京铭成印刷有限公司印刷
2025年8月第1版第1次印刷
148mm×210mm · 9.375印张 · 1插页 · 190千字
标准书号：ISBN 978-7-111-78666-5
定价：69.00元

电话服务　　　　　　　　　　网络服务
客服电话：010-88361066　　机 工 官 网：www.cmpbook.com
　　　　　010-88379833　　机 工 官 博：weibo.com/cmp1952
　　　　　010-68326294　　金 书 网：www.golden-book.com
封底无防伪标均为盗版　　机工教育服务网：www.cmpedu.com

致　谢

这本书诞生于一个充满不确定性的时代。在新冠疫情的影响下，我们在写作期间面临诸多挑战。由于身处三个不同国家和时区，我们无法如愿地面对面合作，只能通过大量的线上会议进行沟通协作。这在一定程度上限制了我们的互动。然而，在不确定的世界中，危机往往也意味着机遇。居家隔离期间，我们反而有了更多时间思考与写作。借此机会，我们全力投入到一个共同热爱的项目：探讨如何借助智能启发式，帮助管理者、领导者和组织机构在这个充满变数的世界中做出更明智的决策。

本书起源于我们合著的一篇发表于 2022 年的学术文章《个体、团队与组织的智能启发式》。这篇文章发表后，我们意识到，启发式不仅对学术研究有帮助，对管理者和教育工作者也具有实际指导价值。因此，我们决定将这些思想拓展为一本书。这个决定的形成颇为偶然。在完成文章校对后的第一次碰头会上，吉仁泽问道："接下来我们要做什么？"当其他两人还在思索该如何回答这个问题时，吉仁泽睿智地给出了一个重要提议："把它写成一本书如何？"这一提议瞬间点燃了我们的热情，因为这不仅能延续我们之间愉快的合作，还能弥合管理学领域中长期存在的理论与实践脱节的问题。大家一拍即合，写作随即启动。随着无数次线上讨论、反复修改以及几次紧张的集中写作，这本书终于逐渐成形。尽管整个过程耗费了大量时间和精力，但回过头看，这一切都非常值得。

在整个项目过程中，我们得到了来自世界各地的许多朋友和机构的大力支持。特别感谢新加坡管理大学李光前商学院、中国科学院心理研究所和德国马克斯·普朗克人类发展研究所，这些机构为我们提供了理想的学术环境，推动了项目的顺利开展。

同时，我们还要感谢对本书（以及早期论文）提供宝贵意见的朋友们，特别是 Florian Artinger、Devasheesh Bhave、Kathleen Eisenhardt、Ulrich Hoffrage、Konstantinos Katsikopoulos、Filip Lievens、Theodore Masters-Waage、Thomas Menkhoff、Eva Peters、Michael Schaerer，以及 2022 年 ABC 研讨会的参与者。感谢 Rona Unrau 和 Anita Todd 对本书英文版的精心编辑，使本书的内容更加清晰流畅。感谢 Kikuko Reb 和 Kai Reb 为第 9 章中"进化失配"这个题目绘制的精彩插图，感谢 Markus Buckmann 和 Nikita Kozodoi 提供的数据支持，感谢李赢、刘隽和王郁珲在制作部分图表时的帮助。

最后，要特别感谢我们的家人。他们不仅在情感和创作上为我们提供了巨大的支持，更在生活中腾出足够的时间和空间，使我们得以全身心投入到这本书的创作中。感谢 Lorraine Daston 在两次紧张的集中写作期间为我们提供了安静的工作环境；感谢 Athena 在写作间隙为我们带来的欢笑；感谢 Kikuko、Kai 和 Ken Reb 的耐心和支持，这让你们的丈夫和父亲能够专注于写作，尽管这意味着陪伴家人的时间少了许多；感谢刘恬和栾玉言，与你们关于写作、启发式和决策的讨论为本书带来了许多有趣的灵感。

目 录

致 谢

1 在商学院你（很可能）学不到的东西

西蒙：满意启发式 ... 003
马科维茨：1/N 法则 ... 006
泽尔腾：博弈论和现实世界的问题 ... 007
不确定性不是风险 ... 010
启发式决策的科学与艺术 ... 012
快速预览 ... 014
请欢欣愉悦地使用启发式 ... 014

2 为什么要用启发式？

用启发式指导不确定性情境下的决策 ... 018
VUCA 的真正含义是什么？ ... 021
进步来自不确定性 ... 023
启发式的优势 ... 025
智能启发式：既快速又准确 ... 026
智能启发式：既节俭又准确 ... 029
智能启发式：既透明又准确 ... 033
常见误解 ... 035

3 适应性工具箱

启发式的类别	... 040
基于再认的启发式	... 041
再认启发式	... 041
流畅启发式	... 043
单一理由启发式	... 044
单一巧妙线索启发式	... 044
快速节俭树	... 047
最优线索启发式和差值推理	... 049
均衡启发式	... 051
计数启发式	... 051
单位加权	... 052
1/N 法则	... 053
基于期望的启发式	... 055
满意启发式	... 055
社会启发式	... 057
模仿	... 058
口碑启发式	... 059
群体智慧	... 059
启发式的生态理性	... 060
占优线索与均衡线索	... 061
偏差 – 方差困境	... 063

4 招聘与解雇

马斯克的招聘启发式	... 068
马斯克的单一巧妙线索启发式何时奏效	... 069
贝索斯的快速节俭招聘树	... 070

灵活的快速节俭树 ... 072

多重关卡筛选法 ... 074

用差值推理启发式在应聘者中二选一 ... 075

招聘中的社会启发式 ... 078

透明决策减少歧视 ... 079

面试官越多越好吗 ... 081

招聘决策"去偏差" ... 083

绩效管理中的智能启发式 ... 085

用快速节俭树决定员工该晋升还是被

 解雇 ... 085

末位淘汰制 ... 086

未来展望 ... 087

5 策略

在新市场复制成功的商业模式 ... 088

通过模仿加速经济发展 ... 091

创新性模仿 ... 093

市场后来者 ... 095

该模仿什么 ... 096

市场领军公司也该模仿吗 ... 098

启发式策略的适应性工具箱 ... 100

收购策略 ... 101

生产策略 ... 102

定价策略 ... 104

选址策略 ... 105

市场拓展策略 ... 106

智能启发式是企业的制胜策略 ... 108

6 创 新

为何重大创新常源自小型初创企业	... 109
在不确定性中保持创新的挑战	... 112
创新启发式	... 113
用15%法则驱动创意	... 114
用30/4法则和6%法则保持创新力	... 115
化失败为成功启发式	... 116
试错启发式	... 117
产品设计的启发式	... 119
通过群体智慧实现创新	... 123
创新还是模仿？	... 125

7 在现实世界中谈判

教科书中的传闻：启发式使谈判者产生偏见	... 128
谈判高手如何计划和行动	... 131
成功谈判的启发式	... 136
满意启发式	... 136
模仿启发式	... 137
互惠启发式	... 138
信任与诚实困境	... 140
界定清晰的博弈	... 141
以牙还牙	... 142
$1/N$ 法则	... 144
谈判中的生态理性	... 146
现实世界中的谈判	... 148

8 打造更好的团队和社群

促进有效协作的启发式	... 151
小团队为何有效？	... 154
处理团队中的害群之马	... 157
管理虚拟和众包团队	... 160
防止公地悲剧的智能启发式	... 161
越冬法则	... 162
轮流法则	... 163
抽签	... 164
展望	... 165

9 领导者的适应性工具箱

领导力理论概述	... 170
将领导力视为决策	... 172
领导者的启发式适应性工具箱	... 173
建设性和破坏性的领导力启发式	... 175
谚语作为启发式的灵感	... 176
领导力启发式的生态理性	... 177
管理复杂的大型项目	... 178
基础启发式	... 180
选择领导者	... 181
领导力启发式的五大益处	... 184
启发式使决策快速而准确	... 184
启发式减少注意力过载	... 185
启发式促进透明的领导	... 186
启发式塑造组织文化	... 187

10 直觉的力量

- 什么是直觉？ ... 189
- 高管们会凭直觉做决策吗 ... 190
- 惧怕承认直觉决策 ... 192
- 事后找理由 ... 192
- 防御性决策 ... 193
- 直觉与启发式：流畅启发式 ... 195
- 如何破坏直觉 ... 197
- 神圣的天赋 ... 199

11 打造智能决策文化

- 管理决策中的言与行 ... 201
- 合理化文化 ... 203
- 防御性文化 ... 204
- 火鸡幻觉文化 ... 207
- VUCA 拒认文化 ... 210
- 如何打造智能的决策文化 ... 212
- 积极的 VUCA 文化 ... 213
- 积极的启发式文化 ... 214
- 积极的错误应对文化 ... 216
- 错误预防和错误管理 ... 218

12 AI 与心理 AI

- 稳定世界法则 ... 223
- 预测客户购买行为 ... 225
- 心理 AI ... 229
- 选择更优秀的员工 ... 230

识别高风险贷款	... 232
跨群体预测	... 237
在透明中建立信任	... 240
未来展望	... 241

13 在商学院应该学到什么

商学院教育可能没你想象的那么有用	... 245
讲授适应性工具箱	... 247
向智能启发式转变	... 248
商学院之外的启发式教学	... 250
如何学习启发式	... 252
掌握进化得来的启发式	... 252
社会学习启发式	... 254
个体学习启发式	... 257
学习如何选择启发式	... 260
重新思考决策学习	... 263

术　语	... 264
注　释	... 272

1 在商学院你（很可能）学不到的东西

还记得新冠疫情和随之而来的全球供应链中断、产品短缺吗？在此之前，许多组织机构都沉溺于一种"确定性幻觉"，认为我们的世界比其真实状况更为确定。长久以来，企业和政府信奉一个观点，那就是所有的风险都是可以被预见、量化和控制的。但如今，人们已意识到风险和不确定性之间的区别，正逐渐接受不确定性的客观存在。这正是运用智能启发式实现有效决策的关键。

尽管商学院提供了丰富的教学内容，但在决策方面却常常忽略一些最有用的技能，这并非偶然。管理学、领导力和金融课程告诉有志成为管理者的学生们，理性决策意味着选择预期效用最高（即预期结果最有利）的选项。根据这种观点，优秀管理者的决策步骤应包括：首先，搜索所有相关选项；其次，分析每个选项可能带来的结果，并依据这些结果发生的可能性来评估其价值；最后，计算出哪个选项能实现最高的预期效用。全球范围内的商学院在向大批学生教授这一决策方法。在该背景下,"多即是好"已成为一种信条,认为更多的数据、更多的信息处理和更多的分析能够提升决策质量。

很久以前,本杰明·富兰克林给正在考虑结婚的侄子提了一个建议:如果拿不定主意,就把所有选项的利与弊列出来,进行权衡计算,以此做出决定;否则,永远不要结婚。[1] 然而,现实生活中极少有人通过这种计算来选择伴侣。这并不奇怪,因为寻找合适的伴侣往往充满了不确定性,居高不下的离婚率正好说明了这一点。在婚姻中,人们无法预见所有可能的结果,更不用说这些结果发生的可能性了。在商业领域也是如此,人们无法预见进入外国市场、收购公司或聘请新CEO可能带来的所有后果。

一般来说,商学院传授的期望效用最大化方法,以及本杰明·富兰克林的策略,在稳定且问题界定清晰的情境下是有用的,因为在这种情境中几乎没有意外。然而,管理者如今需要在一个高度波动(volatile)、不确定(uncertain)、复杂(complex)和模糊(ambiguous)的VUCA世界中工作。在这种环境下,收集所有信息、权衡所有选项、预测所有可能后果及其发生概率的做法,几乎没有任何实际意义,它只会营造对确定性的幻觉。

尽管如此,决策仍是管理者的日常工作,比如雇用谁,何时终止项目,以及是否收购一家公司。在做这些决策时,他们采用一系列被称为"启发式"的工具。然而,商学院很少教授学生如何使用这类强大的工具来做出明智决策,反而将启发式视为应避免的策略,建议学生使用更复杂的决策方法。科普书籍也持这种负面观点，常常将肥胖、金融危机等各类问题在事后归因于启发式，以及使用启发式带来的决策偏差。[2] 在这本书中，我们将以一种更积极、现实和实用的视角看待启发式，并系统地介绍启发式决策的科学原理和应用艺术。

启发式是那些能让人快速、省力且准确做出决策的简单法则，是应对不确定情境（即不具备实现期望效用最大化条件时）的必要工具。对风险和不确定情境的区分可追溯到经济学家弗兰克·奈特（Frank Knight）。奈特在20世纪20年代指出，效用最大化在风险情境下是可行的，在不确定情境下则无法实现。[3] 这一观点虽然在几乎所有的经济学教科书中都被提到，但在实践中却往往被忽略。在本书中，我们将给予不确定性应得的重视，因此，也更强调启发式的作用。

我们的论述将以三位诺贝尔经济学奖得主为开端，介绍他们如何看待决策，以及在实际生活中是如何做出决策的。

西蒙：满意启发式

1978年，赫伯特·A. 西蒙（Herbert A. Simon）因其"对经济组织决策过程的开创性研究"，荣获诺贝尔经济学奖。[4] 决策过程往往决定着一个组织的兴衰，但让人吃惊的是，组织学和经济学理论对这一过程关注极少。经典经济学理论通常假设管理者是全知全能的存在，无论决策是以何种方式做出的，他们总在追求效用最大化。西蒙反对这一假设，并指出没有任何证据表明这些理论可以描述人们实际的决策过程。针对这类批评，米尔顿·弗里德曼在 1953 年阐述了其著名的观点：预期效用最大化是否描述了决策过程并不重要，因为它只是一个预测行为的工具，对行为的准确预测才是经济学理论应该关注的唯一要点。

然而，有研究者总结了对效用函数跨越 50 年的研究，包括收入效用函数、财富效用函数和预期理论中的价值函数，得出结论：效用函数"对外样本的预测能力很差，有时甚至可以忽略不计"。[5] 这一结论支持了西蒙的观点，即预期效用理论不仅无法描述实际的决策过程，还因其过于不定和多变，难以有效预测行为。

所谓"外样本预测"是指需要预测的数据超出了创建模型时所用的数据范围。与之相反，效用模型和其他复杂模型通常只通过调整参数来拟合已有数据。有时，人们会误认为这些模型是在"预测"决策，但它们实际上只是在优化与过去数据的拟合度。"最优化"是一个数学概念，指确定一条曲线（如效用曲线）的最大值或最小值的过程。换句话说，它是在数学上寻求一种最优解，使收益最大化或成本最小化。拟合和预测之间的区别至关重要。更复杂的模型通常有更多的可调参数（即自由参数），因此能够更好地拟合历史数据。然而，这类模型也容易出现过度拟合，导致在未来情境和过去不一致时，预测效果不佳。[6] 因此，即使人们接受弗里德曼那个有争议的观点，即理论只需预测结果而无需描述过程，预期效用理论在不确定的商业世界中也仍表现不佳：它既无法有效描述决策过程，也难以做出准确预测。

西蒙提出,在无法进行最优化的情况下,决策者会以满意为目的来处理问题。"满意"(satisficing)一词起源于诺森比亚,一个位处英格兰和苏格兰边境的地区,意思是"让人满足"(to satisfy)。西蒙从亲身经历中体会到了满意决策的重要性。20 世纪 30 年代中期,在芝加哥大学修完一门经济理论课程后,他试图将效用最大化策略应用于家乡密尔沃基市大众娱乐部的预算决策。令他惊讶的是,管理者并没有对新增预算所带来的额外收益(边际效用)与其额外支出(边际成本)进行比较;相反,他们或是对上一年的预算进行小幅调整,或是参考惯例和通过内部谈判做出决策,抑或是基于对组织的认同来表决预算方案。西蒙得出结论,在现实商业世界中,效用最大化策略是毫无希望的。[7] 这促使他提出了新的问题:当新古典经济学模型所假设的理性条件(如拥有完整信息和在风险下运作)不满足时,人们是如何进行推理的?他发现,答案在于启发式过程。该过程包括识别相关信息、选择"足够好"的选项(满意)、快速搜索信息(启发式搜索),以及设定期望水平(即决策者希望实现的决策结果指标)。通过研究这些启发式过程,我们能够更准确地描述决策过程,并预测决策结果。

西蒙不仅在理论上提倡满意决策,也在生活中践行这一决策理念。他做决策果断而迅速,只考虑少数几个选项及其关键后果。据其女儿凯瑟琳·西蒙·弗兰克所述,他总是乐于接受决策的结果,不会反复纠结。[8] 西蒙非常平易近人,且生活节俭,每天都穿着同样的衣服。他只有三件衬衫:一件穿在身上,一件在洗涤，一件挂在衣橱里。西蒙过着"满意化"的生活，将节省下来的时间用于阅读大量科学书籍、倾听学生们的想法和思辨各种研究构想。

马科维茨：1/N 法则

在西蒙获奖 12 年后的 1990 年，哈里·马科维茨（Harry Markowitz）因其投资组合选择理论获得诺贝尔经济学奖。与西蒙旨在描述人们实际决策行为的满意启发式不同，马科维茨的理论是一种规范性模型，旨在指导人们该如何做出决策。该模型为投资者提供了一种标准，告诉他们应该如何在回报（均值）和风险（方差）不同的资产之间合理分配财富。马科维茨获奖源于他开发的一组数学公式，即均值 – 方差模型，用于实现利润最大化。至今，世界各地的商学院仍在教授他的公式及其诸多变式。然而，这个方法需要对金融数据进行详尽分析，以预测资产的未来收益、风险波动（方差）和相互影响（协方差）。对于大规模的投资组合而言，这可能需要计算成千上万甚至数百万个数据。

当马科维茨为自己退休后的生活进行投资时，他并没有像人们期待的那样，遵循自己获得诺贝尔奖的公式。事实上，他使用了一种被称为 1/N 法则的启发式：将资金平均分配到 N 个选项中。如果 N = 2，那么就意味着 50∶50 的分配比例，以此类推。在行为金融学领域，使用 1/N 法则被贬称为"朴素多元化投资偏差"(naïve diversification bias),通常将其归因于人们的认知局限和非理性,但这显然不适用于像马科维茨这样有影响力的经济学家。他后来解释说,自己之所以选择将资金平均投资于股票和债券,主要是为了避免将来可能出现的后悔:"如果股市大涨而我没有参与其中分一杯羹,我会觉得自己很蠢;如果股市大跌而我持有大量股票,我也会觉得自己很蠢。所以我采取了50∶50的策略。"[9]

那些认为$1/N$法则过于简单的人忽略了一个重要事实:马科维茨的投资组合理论只有在能够准确预测所有资产的未来收益、风险波动和相互影响时,才能达到最优结果。然而,在充满不确定性的现实中,依赖过去的数据去估算成千上万个变量,往往会导致模型在历史数据上表现良好,但在预测新情况时失准,也就是所谓的"过度拟合"现象。相比之下,$1/N$法则无需估参,因此不存在过度拟合的问题。这个没有自由参数的特性看似是个局限,反而成为$1/N$法则在实际预测中的一个优势。后续研究表明,在股票投资领域,$1/N$法则的表现常常优于均值-方差模型,因为它有更高的稳健性,且不会过度拟合。[10] 由此可见,"少也可为多"。

泽尔腾:博弈论和现实世界的问题

在马科维茨获奖四年后的1994年,莱因哈德·泽尔腾(Reinhard Selten)因其在博弈论方面的研究获得了诺贝尔经济学奖。然而,除了博弈论,泽尔腾还热衷于对启发式和有限理性的心理学研究。作为一名训练有素的数学家,他在这两者之间划下了清晰的界限。他认为,自己的博弈论研究是一种在明确规则下的数学练习,而并非旨在研究人们在现实世界中如何实际行动,或应该如何行动。

以泽尔腾著名的连锁店悖论为例:[11]一家名为 Paradise 的连锁店在 20 座城市设有分店,其竞争对手 Nirvana 也计划开设类似的连锁店,并逐一决定是否进入每座城市的市场。每当有竞争对手进入当地市场时,Paradise 就面临着两种截然不同的定价策略选择:一种是攻击性强、双方都将遭受亏损的掠夺性定价;另一种是与竞争对手平分利润的合作性定价。那么,当第一家 Nirvana 连锁店进入市场时,Paradise 应采取哪种策略:攻击还是合作?

泽尔腾证明了最优策略应该是合作性定价。他的证明基于逆向归纳法,即从结果推理回起点。具体而言,当竞争对手的第 20 家连锁店进入市场时,未来已没有需要阻止的对手存在,因此 Paradise 没有理由采取掠夺性定价策略,而是应该选择合作以避免亏损。接下来考虑倒数第二家店的情况。鉴于 Paradise 将与竞争对手的第 20 家店合作,因此对第十九家店也无需制定掠夺性定价,因为所有人都知道,该连锁店会与最后一家店合作。所以,Paradise 也应该与现在这家店合作。同样的推理也适用于第十八家店,以此类推,一直到第一家。泽尔腾的逆向归纳证明表明,在每座城市,从第一家到最后一个家竞争对手的店,连锁店都应该选择合作性定价策略。

在得出这个结论后,泽尔腾发现自己的论证在直觉上并不

具备说服力,并表示在现实世界中,他会凭直觉采取掠夺性定价策略,以阻止其他竞争对手进入市场:

"如果掠夺性策略不起作用,我会感到很意外。从我与朋友和同事的讨论中,我感觉大多数人都会做出和我一样的选择。到目前为止,我还没有遇到有人表示他会按照逆向归纳理论操作。我的经验表明,那些受过数学训练的人虽然会承认归纳理论的逻辑有效性,但他们并不会用它来指导自己的实际行动。"[12]

泽尔腾的坦诚可能会让人误以为他是一个不顾谨慎思考的结果而率性而为的人。但实际上,他拒绝逻辑推论的真正原因在于,他能区分问题界定清晰、信息完备的情境(如连锁店问题)与问题界定不清晰、充满变数的商业竞争现实。逆向归纳法无法指导人们在后一种情境中做出稳妥的决定。泽尔腾的逻辑和直觉之间的冲突,正是基于这个重要的情境区分。

然而,时至今日,大多数商学院仍然认为逻辑论证是良好商业决策的基准,而依赖启发式和专家直觉将导致失败。在比勒费尔德大学工商管理与经济学院举办的著名的双年会"OWL科学家与企业家见面日"上,泽尔腾和吉仁泽(本书的作者之一)与两位成功的当地企业家同台对话。观众本期望看到科学家和企业家之间展开一场激烈的辩论,但当泽尔腾和吉仁泽谈到启发式的好处和直觉对创新的重要性时,两位企业家却表示完全认同。他们指出,正是凭借着简单法则和直觉,他们才建立了自己的公司并获得财富,尽管他们在商学院几乎没有学到这些内容。最后,泽尔腾和吉仁泽呼吁在场的教授认真看待不确定性和启发式,并开始教导学生如何在现实世界中做出有益的决策。起初,这一观点让观众震惊得无言以对,随后更是引发了轩然大波。然而,两位企业家却坚定地站在了两位学者的一边,强调商学院的课程对其从商生涯帮助不大。这场辩论让该校校长感到颇为有趣,因为他拥有计算机科学背景,深知启发式在编程领域中的重要作用。

不确定性不是风险

这三位诺贝尔奖得主代表了三种决策思路。西蒙提出了启发式决策理论,并将其用于自己的决策;马科维茨提出了最佳投资组合理论,却在自己的退休投资中依赖启发式;泽尔腾提出了确定场景下博弈的最优行为理论,以及不确定世界中的启发式理论,并在个人决策中依赖启发式和直觉。虽然这三位获奖者都依赖启发式做出个人决策,但其理论的关键区别在于:这些理论是否同样适用于启发式决策,还是仅仅局限于最优化决策。最优化只有在一个问题界定清晰、环境稳定且具有已知概率的世界中才能实现(奈特称之为"风险"),而在不确定性情境下则变得毫无意义。

西蒙和奈特一样,区分了风险和不确定性两种情境。出于实证思维,西蒙对人们在不确定性情境下如何做出良好决策颇为好奇。如前文所述,西蒙在研究预算决策时就已经发现了最优化方法的局限性,在研究人工智能时也面临着类似的挑战(他是人工智能领域的创始人之一)。迄今为止,他是唯一一个同时获得诺贝尔经济学奖和被称为"诺贝尔计算科学奖"的图灵奖的人。计算机科学中最有趣的问题往往都具有难解性,也就是说,无法通过计算找到最优解,比如国际象棋和围棋。西蒙很早就意识到,以逻辑推理为基础的解决方案,如逆向归纳法或期望效用最大化,对难解问题无效。如果像大多数经济学理论那样,仍坚持使用效用最大化模型,就意味着必须排除所有难解的问题,以及所有不确定性情境。因此,博弈论几乎排除了所有人们喜欢玩的挑战性游戏,而期望效用理论也难以在实际商业决策中发挥作用。在不可能进行穷举式搜索的情况下,西蒙没有根据最优化理论决定研究问题的范围,而是采用了一个启发式思路:研究复杂的游戏(如国际象棋),探索成功的玩家如何做出下一步决策。

马科维茨的理论假设了一个稳定的风险世界。其核心理念是利用海量数据,估算资产的未来收益、风险波动和相互影响。现代金融学起源于他和罗伯特·C.默顿(Robert C. Merton)的投资组合配置方法。他们把金融视作一种有风险的彩票赌博,而不是一种不确定性情境。默顿作为另一位诺贝尔经济学奖的获得者,曾在担任对冲基金"长期资本管理公司"(LTCM)的高层决策者时应用这一理论框架,但结果并不理想。在突如其来的俄罗斯金融危机后,该基金损失了数十亿美元,最终不得不接受美联储救助。[13] 在一个不确定的世界里,基于历史数据的最优化投资组合方案是脆弱的:只有在未来与过去相似时,对过去资产的分析才能为未来资产收益作指引。

最后,泽尔腾的思路的美妙之处在于,他既研究了风险情境

（如博弈论），也研究了不确定性和难解性情境。正如连锁店悖论所示，他认为逻辑论证无法指导人们在现实商业世界的行动，因为在商业互动中，双方都没有完整的信息，也不必遵循连锁店游戏的规则。泽尔腾热爱博弈论，因为它的数学挑战性（毕竟他是一位数学家），但他并没有将其视为描述我们行为的理论，或是指导我们在现实世界中应如何行动的指南。他认为把预期效用理论当作唯一的理性理论是错误的。事实上，他与吉仁泽合著的《有限理性》一书的箴言便是："研究人们如何在没有概率和效用的情况下做出决策。"[14]尽管许多经济理论家对理性选择理论的夸大假设感到不安，但他们仍在继续使用这一理论，原因在于他们无法想出一个明确的替代方案。但是，泽尔腾和西蒙却指出替代方案是存在的，那就是研究启发式决策。

启发式决策的科学与艺术

在本书中，我们将向读者展示企业高管可以如何借助智能启发式，在 VUCA（即高度波动、不确定、复杂和模糊）世界中做出好的决策。"快速节俭启发式"（fast-and-frugal heuristics）是一个秉承西蒙和泽尔腾思想的研究范式，本书借鉴了这一范式中的诸多研究发现。同时，我们还观察了像马科维茨这样的专业人士在实践中是如何进行决策的。通过大量真实案例，我们为领导者和组织机构提供了实用建议，以帮助他们开发自己的适应性工具箱（即一系列的启发式方法），进而做出有效决策。

在一个 VUCA 世界中，复杂的分析方法可能会很快失效，甚至完全不适用，"少往往即是多"，采用简单策略应对复杂性通常更为有效。在这样的环境中，利用简单规则搜索和处理有限的信息，不仅能更快做出决策，还能提高决策的准确性和透明度，同时更易于沟通、传授和学习。尽管人们每天都在使用启发式，商业书籍中也大力推崇直觉和经验法则的优点，但他们并不总是理解启发式为什么能起作用，以及在什么条件下会起作用。本书旨在改变这一现状，通过提供基于理论和研究的务实讨论，帮助企业管理者在不确定性情境下运用启发式做出明智的决策。

对西蒙来说，智力是内在认知系统和外部环境的共同产物。要取得成功，内部系统必须"智能"，即能在有限的能力范围内充分利用环境的特征达到目标；启发式正是这种适应性策略的体现。然而，20 世纪 70 年代后，对启发式的积极评价却大幅下降，因为研究者开始将它们与判断和决策中的系统偏差联系在一起，并认为启发式的表现逊色于期望效用模型。虽然在风险情境下这一假设通常成立，因为所有的概率和结果都是确定的；但在不确定性和复杂性情境下，该假设就不再适用。因为在这些情境下，最优化失去了意义，而稳健性和适应性则变得至关重要。20 世纪 90 年代兴起的"快速节俭启发式"研究范式（我们将在接下来的章节中对此进行深入讨论），重申并扩展了西蒙关于启发式的观点。大量研究表明，简单的启发式往往优于复杂的模型。[15]

快速预览

本书基于快速节俭启发式研究范式,从两个方面展示了启发式的有效性。它描述了一个领导者、管理者和专业人士可在决策中应用的适应性工具箱,这个工具箱中包含应对各式任务的多种启发式。更重要的是,它引入了生态理性这一概念,阐明了启发式起效的环境条件。像任何策略一样,启发式并非在所有情境中都有效;因此,理解其适用性的基本原则,对于明确启发式何时有效、何时无效至关重要。

在本书中,我们使用"智能启发式"(smart heuristics)这一术语作为简称,指代那些应用得当、与任务环境相匹配、生态理性的启发式。在不合适的情境中,启发式也可能变得"不智能",从而导致无效决策。明智的决策需要我们针对手头任务选择合适的启发式。

请欣欣愉悦地使用启发式

企业高管们经常使用启发式,但大多不愿意承认这一点,因为启发式常被错误地与决策失误挂钩。这个顾虑在家族企业和创业公司中相对较弱,因为直觉决策在这些环境中更容易被接受,而在大型企业和公共行政机构中,这种顾虑则更为明显,因为这些组织更为推崇最优化理念。因此，高管们通常不愿正面承认自己依赖启发式，而是试图通过营造决策源自详尽定量分析的假象，来掩盖他们使用启发式决策的事实。

设想这样一个典型场景：一位高管经过反复权衡之后，依然无法找到明确的最佳方案，最终只能凭直觉做出决策。然而，由于不愿承担直觉决策可能带来的后果，他聘请了一家昂贵的咨询公司，借助一系列看似可靠的数字和分析，来为自己已做出的决定提供合理化依据。

这种情况在大型企业中究竟有多普遍呢？我们中的一个（吉仁泽）曾询问全球最大的咨询公司之一的负责人：公司有多少项目是在为已经做出的决策提供合理化依据？在保证匿名的条件下，对方的回答是：超过50%。

想象一下，如果企业能够重视启发式，并研究它们如何以及何时发挥作用，那么可以避免浪费多少金钱、时间和精力。如此一来，管理者们就不必掩饰自己经常使用启发式的事实。相反，他们可以欢欣愉悦地使用启发式，在充满不确定性的世界里做出明智的决策。我们相信，将启发式在管理和商业中的形象由"偏差"转为"智能"的时机已成熟。

2 为什么要用启发式？

"启发式"一词源自希腊语，意思是"用于得知或发现"。格式塔心理学家马克斯·韦特海默（Max Wertheimer）和卡尔·邓克尔（Karl Duncker）就以此义使用该词，指代一些用于指导信息搜索的启发式方法（例如通过环顾四周来寻找有用的信息）。1905年，阿尔伯特·爱因斯坦（Albert Einstein）发表了一篇日后助他获得诺贝尔奖的关于量子物理学的论文，该论文的标题中也使用了"启发式"一词，以表明他所提出的观点虽尚不完善，却是一条可以辅助我们更接近真理的极佳途径。[1] 数学家乔治·波利亚（George Pólya）也认为，科学既需要分析式工具也需要启发式工具：验证一个数学证明时需要分析法，而最先发现这个证明则需要启发式。[2]

赫伯特·西蒙与波利亚的学生艾伦·纽厄尔（Allen Newell）一道在计算编程中引入了启发式搜索，以提升计算机的智能化水平，并开发出最早的人工智能（AI）程序。早期的AI研究聚焦于人类专家所使用的启发式，并将其转化为计算算法。在这个过程中，人类是老师，计算机是学生。因此，AI 中的 I 最初指的是人类智能，或者更准确地说，是人类使用的启发式。人们认为启发式可以解决逻辑和概率统计无法解决的问题。这种"心理人工智能"的构想不同于依靠强大计算能力的机器学习系统。尽管这些系统性能卓越且应用广泛，但它们尚未能创造出真正的人类智能。如今，心理人工智能正被重新视为实现真正机器智能的途径。[3]

西蒙还提出了最早的启发式算法模型之一：满意启发式。[4] 在无法实现最优化时，使用满意启发式可以帮助人们做出良好决策。然而，在 20 世纪 70 年代，有研究者推翻了这一观点，开启了"启发式与偏差"（heuristics and biases）研究范式，将启发式与决策偏差挂钩，并将期望效用理论作为做决策的通用工具。[5] 受该范式影响，启发式的优点在管理和商业领域中长期被轻视。[6] 从 20 世纪 90 年代开始，"快速节俭启发式"研究范式承继了西蒙的未竟事业，并通过开发启发式算法模型和引入生态理性的概念（即启发式成功或失败的条件）对其进行了延展。[7] 算法模型和生态理性这两个重要特征扩展并改进了早期的启发式与偏差研究。它们使研究具体的决策法则成为可能，而这些法则能够帮助组织机构在不确定情境下做出更优决策。因此，这两个研究范式本质上不是对立的，而应被视为迈向进步的不同阶段。

用启发式指导不确定性情境下的决策

我们什么时候需要启发式？回答这个问题的关键在于区分"小世界"和"大世界"。"小世界"一词由现代决策理论奠基人伦纳德·萨维奇（Leonard Savage）提出。萨维奇明确指出，期望效用最大化理论仅适用于小世界，并认为在不确定性情境中使用该理论是"荒谬的"，即便是像计划一次野餐这样的日常小事。[8] 小世界具有两个特征：

1. 完全预见未来状态：行动者清楚了解未来世界的每一种状态，这些状态互不重叠，构成了集合 S（states）。

2. 完全预见后果：在特定状态下，行动者清楚了解每个行为产生的后果，这些后果互不重叠，构成了集合 C（consequences）。

萨维奇将（S, C）这对组合称为"小世界"。其中，状态 S 指的是"对世界的描述，包括所有相关的方面"。[9] 状态和后果必须在有限的细节水平上描述，因此被称为"小"。轮盘游戏就是这样一个小世界。所有可能的未来状态都是已知的（欧式轮盘上的数字 0 到 36），所有可能的行动及其后果也是已知的。在轮盘赌中，行动包括押红色或黑色、押偶数或奇数、押特定的数字或组合。在（S, C）组合中无须单独提出一个行动集，因为行动被界定为状态与后果的组合。在小世界中，所有可能发生的事情都是已知的。

有一点需要着重指出：决策理论和大多数经济学中使用的"理性"这一术语仅适用于小世界。一个概率已知的小世界被称为"风险"情境，而一个概率未知的小世界则被称为"模糊"情境（见表2-1）。"难解性"是指这样一种情境：尽管问题界定清晰，但仍然无法通过计算得出最佳行动方案。状态空间（S，C）不完全已知或可知的情境被称为"不确定性"，有时也被称为"根本不确定性"（radical uncertainty）。[10] 在难解性和不确定性条件下，期望效用最大化不可行。

表2-1 小世界与大世界的结构

界定标准	小世界		大世界	
	风险	模糊	难解性	不确定性
所有可能的行动、未来状态和结果是已知的吗？	是	是	是	否
所有的概率是已知的吗？	是	否	是	否
能否计算出最佳行动？	是	是	否	否

注：在小世界中，所有可能的行动和未来状态，以及每一状态下所有可能的后果都是已知的。如果后果不确定而是有一定的发生概率，并且这些概率是已知的，那么这个小世界就被称为"风险"情境；如果概率未知，则被称为"模糊"情境。小世界允许人们计算最佳行动方案，而大世界则不允许。"难解性"是指这样一种情境：尽管问题界定清晰，但仍然无法确定最佳行动方案。"不确定性"是指问题界定不清的情境；在这种情境下，并非所有可能的行动、未来状态及其后果和概率都已知或可知。计算机科学中的大多数重要问题都具有难解性，管理和决策中的大多数重要问题都涉及不确定性。

主观概率有时被认为可以用于期望效用最大化，但这种观点并没有区分模糊性和不确定性。在模糊性情境下，状态空间是完全已知的，因此可以分配相加总和为1的主观概率；但在不确定性情境下，由于状态空间并不完全已知，这种分配则不可行。萨维奇本人曾明确指出，主观概率和他的贝叶斯决策理论都不适用于大而不确定的世界，甚至不适用于计划野餐这样的日常情境。在日常生活中，小世界非常少见。这一见解常常被忽视，虽然忽视它并不能使期望效用最大化成为现实商业世界中的有用工具。

因此，我们需要一个审视大世界中理性行为的新视角，助力人们在不确定性情境下做出决策，比如招聘和解雇、预算和投资、战略和领导决策。不确定性来源于许多不可预测的因素，包括人类行为、科技和政治变化，以及个人、金融和全球性危机。为了在这些情境下做出决策，我们需要智能启发式。除了不确定性情境外，启发式也适用于那些问题界定清晰但不可解的情境；以旅行推销员问题为代表的调度问题就属于此类。在这类问题中，尽管存在最佳的行动顺序，但没有任何人或计算机能够找到它。比如，计划在美国最大的 50 座城市旅行的最短路线是不可解的，因为可能的路线有 $49! = 49 \times 48 \times 47 \times \cdots \times 3 \times 2 \times 1$ 种，这相当于一个超过 10^{62} 的数字（即一个有 62 个零的数字）。要在如此庞大的空间中找到一个好的解决方案，必须进行启发式搜索。简单的"近邻启发式"就是一个例子：游览一个尚未去过的、离你最近的城市。该启发式可以为旅行推销员问题及其他类似问题找到出色的解决方案。而且，不仅人类会使用这个方法，包括果蝇在内的很多其他物种在觅食时也会使用它。[11]

许多管理决策兼具不确定性和难解性。例如，之前提到的调度问题，其难解性可能伴随着不确定性，如意外事件的突然发生，而意外事件的后果是无法预见的，如交通路线因施工、地震或战争而关闭。在这种情况下，灵活地使用适应性工具箱中的启发式可能比长远规划和效用最大化更有优势。

然而，通过阅读管理学书籍或在商学院学习，你很可能不了解小世界和大世界的区别，以及它们需要不同的决策工具。同样，大多数经济理论将大世界简化为小世界，以便应用效用最大化方法。这可以是一个有意思的理论练习，但对需要在不确定性情境下做决策的管理者帮助不大。对不确定性的忽视可以追溯到邓肯·卢斯（Duncan Luce）和霍华德·雷法（Howard Raiffa）在决策理论方面的经典著作，他们区分了风险和模糊性，但遗憾地将模糊性称为不确定性。[12] 这一分类将所有大世界问题排除于决策研究领域之外。在特沃斯基（Tversky）和卡尼曼（Kahneman）极具影响力的论文《不确定情境下的判断：启发式与偏差》中，他们对不确定性这一术语的使用甚至超出了模糊性的范围，涵盖了风险情境。[13] 同样地，像《怪诞经济学》和《思考，快与慢》这样的行为经济学畅销书，虽然谈到了不确定性，但实际上讨论的只是风险或模糊性。这类概念上的混淆，使人误以为效用最大化适用于解决所有问题。

VUCA 的真正含义是什么？

在第 1 章中，我们使用了 VUCA 这个需要精确界定的流行术语。VUCA 将波动性（volatility）、不确定性（uncertainty）、复杂性（complexity）和模糊性（ambiguity）这四个概念结合在一起，但这四个概念并不相同，而且它们在小世界和大世界中有着截然不同的含义。在一个仅存在风险情境的小世界中，金融理论将波动性定义为一个随时间变化的变量的标准差，如股票的表现。根据这一定义，波动性假定随着时间的推移，该变量的变化幅度是稳定的。例如，马科维茨的投资组合理论假设投资者在风险情境下进行投资，波动性可以通过过去的数据精确估算。然而，在不确定性情境下，波动性不仅仅意味着随机波动，还指不可预见的变化和干扰。在这种情况下，基于以往数据对资产权重作出调整不再能产出在未来表现最好的投资组合，而诸如 $1/N$（即为每种资产分配相等权重）这样的简单启发式反而表现更好。事实上，在不确定的真实（大）世界中，$1/N$ 启发式已被证明优于马科维茨曾获得诺贝尔奖的投资方法，并且与其最复杂的现代版本表现相当。[14] 基于道琼斯工业平均指数的交易基金（如指数基金）与 $1/N$ 启发式密切相关，并且其表现也往往优于由专业机构管理的基金。[15] 在不确定性情境下，基于过去数据的精细调整可能是徒劳的。

同样，如本文之前提到的，决策理论中的"模糊性"一词暗指一个概率未知的小世界。然而，在 VUCA 这一表达中，它的含义并非如此。在这里，它似乎与不确定性的含义基本相同，都强调缺乏清晰性和确定性。与波动性一样，模糊性在小世界和大世界中有着截然不同的含义，这使得已有文献更加混乱。复杂性也有多重含义：在计算复杂性理论中，它指的是可解性，但它也可以指模型的复杂性。例如，像累积前景理论这样的小世界模型通常相对复杂，而像 1/N 启发式这样的大世界模型则通常比较简单。

在本书中,我们将 VUCA 界定为大世界。其中,V(volatility/波动性)涉及随时可能出现的意外变化;U(uncertainty/不确定性)和 C(complexity/复杂性)指的是难解性;而 A(ambiguity/模糊性)指的是不确定性的不同方面。

一般而言,在风险情境下,概率论和最优化模型是绝佳工具;而在不确定情境下,启发式则更加适用。然而,这一区别往往被忽视,甚至在大世界问题中,"最优化"一词也常被使用。人们经常谈论管理者得出"近乎最优"的解决方案或做出"次优"的决策。这种说法忽视了一个事实,即从定义上讲,不确定性情境下并不存在所谓的最优化,而当没有人知道最优决策是什么的时候,将某个决策称为次优决策毫无意义。

回顾第 1 章,尽管西蒙受过期望效用理论的训练,但他很快意识到,该理论在现实管理决策中几乎无用,成功的管理者也不会尝试应用它。同样地,泽尔腾一直在对"问题界定清晰的博弈中的理性决策"与"现实不确定性世界中有用的启发式"作区分。最优化和启发式之间既不存在对立也没有竞争关系,它们只是分别适用于小世界和大世界中不同情境的工具。

进步来自不确定性

许多人认为不确定性是负面的,应该避免。这个厌恶不确定性的群体包括大多数经济学家、行为经济学家以及其他构建风险模型但却回避处理不确定性的人。不出所料,公司有风险管理部门,却没有不确定性管理部门。然而,不确定性是真实存在的,需要我们去面对。2003 年,最杰出的宏观经济学家之一罗伯特·卢卡斯(Robert Lucas)声称,宏观经济学已经成功地预防了经济萧条。[16] 然而,仅在五年后,小世界的理论观使世界毫无准备地陷入了自大萧条以来最大的金融危机。对小世界研究的过度专注,产生了一个个提供虚幻确定性的理论,这些理论假定了一个没有任何新事物发生的稳定世界,这意味着它们对从业者来说用处不大。从期望效用最大化、小世界和博弈均衡模型的角度来思考问题,不仅忽视了危机的可能性,还具有更让人震惊的特性。在小世界中,会出现以下情况:

- 没有创新
- 没有利润
- 没有贸易
- 不需要智力、专业知识或直觉等品质

依据小世界理论,创新是不可想象的:所有可能的行动、未来状态及其后果都是固定且已知的,任何事情都无法以意想不到的方式改变,而当一切都已知时,创新就变得不可能。此外,正如奈特很久以前指出的那样,在一个只有风险没有不确定性的世界里,没有利润可言;近代的有效市场假说也得出了同样的结论。[17] 当所有行动者都了解未来且无法获利时,他们就没有动机与他人进行交易(即无交易定理)。此外,诸如智力、专业知识、直觉、情感和信任等人类最基本的品质也将变得无用。更糟糕的是，我们大脑中那些通过进化而来的心理机制会被误认为是认知错觉和非理性的根源。

事实上，人类大脑的进化是为了应对现实世界，而这个世界在很大程度上是不确定和难解的。在这个世界中，启发式、直觉、信任和情感是生存所必需的。因此，我们应该将不确定性视为一种积极的因素：没有它，生活将会变得无比乏味，除了计算，不需要任何形式的智慧。幸运的是，适应性启发式能够帮助我们驾驭充满不确定性的世界。

启发式的优势

小世界里的缺点在大世界中可能是优点。"快速节俭启发式"这一术语意味着启发式在大世界中拥有三大优势：启发式可以基于很少的信息快速做出决策；启发式正是因为其速度和节俭性才变得准确，而不是被这两个特性所拖累；启发式是透明的，这意味着它们很容易被讲授和理解。表 2-2 总结了这些优势，以及三种普遍认为的使用启发式时必须做出的权衡（例如，启发式通过牺牲准确性以换取更快的决策速度）。正如我们在随后的讨论中所指出的，这些权衡在不确定性条件下一般并不适用。

表 2-2 小世界与大世界的区别

概念	小世界	大世界
速度-准确性权衡	存在速度-准确性权衡：更快做决策会降低决策准确性	通常不存在速度-准确性权衡：花更多时间不一定会做出更好的决策；可能存在一种反向的速度-准确性权衡，即更快的决策也更准确
努力-准确性权衡	存在努力-准确性权衡：付出更多努力以获取更多信息会使决策更准确	通常不存在努力-准确性权衡：使用更多信息可能不会提高预测准确性；可能存在"少即是多"效应，即简单启发式能做出更准确的预测和决策
透明性-准确性权衡	存在透明性-准确性权衡：使用更复杂因而更不透明的模型会使决策更准确	通常不存在透明性-准确性权衡：简单启发式可以更准确且更透明

注：小世界通常存在三种被广泛认可的权衡。相反，在真实的大世界中，这些权衡一般并不存在。有时，这些权衡甚至是反向的，比如当更快的决策更准确以及更少的信息更有效时。

智能启发式：既快速又准确

很多人认为，快速决策会增加出错的可能性，原因是所谓的速度-准确性权衡：决策越快，其准确性就越低。各种双系统理论均假定这种权衡，将快速、启发式、直觉、无意识且经常出错的系统 1 与缓慢、合乎逻辑、深思熟虑、有意识且总是正确的系统 2 对立起来。[18] 然而，有明确的证据表明，快速决策有时比缓慢决策更准确，启发式可以被有意识地使用，并且将这两个假设为对立系统的特征——对应并无多大意义。[19] 例如，1/N 启发式在构建投资组合时被有意识地使用,不仅决策迅速且比获得诺贝尔奖的均值方差投资组合方法效果更好。一般来说,每种启发式都可以被有意识或无意识地使用,其准确性可能比深思熟虑的逻辑思维更高或更低。

在不确定的世界中,即便有更多的时间可用,决策质量也并不一定会得到改善,专家尤其擅长做出快速且准确的决策。在一项实验中,专业手球运动员身着队服,站在播放职业手球比赛的视频屏幕前。[20] 在某个时刻,视频图像被定格,他们被问及持球的运动员应该做什么。这可能是一个回环、向左传球、射门或其他动作。这些专业运动员中的许多人都依赖于以下的快速节俭启发式:

流畅启发式:选择第一个出现在脑海中的选项。

该启发式与速度-准确性权衡相冲突,后者认为决策时间越长效果越好。如果这些专家有更多的时间,他们真的会做出更好的选择吗?在实验中,运动员们首先在视频图像定格时立即做出反应,然后给他们45秒的时间更仔细地思考,并完成进一步的选择,之后,再多次询问他们当下认为最佳的行动是什么。平均而言,那些经过进一步深思熟虑的判断并不如运动员们最初的直觉判断。这怎么可能呢?图2-1解释了这一惊人的效应。专家们想到的第一个选择通常是最佳的,第二个是次佳的,以此类推。当必须快速做出决定时,较差的选择甚至不会出现在专家的脑海中,因此也就不会被选中;相反,如果时间充裕,较差选择取代最佳选择的可能性就会增加。

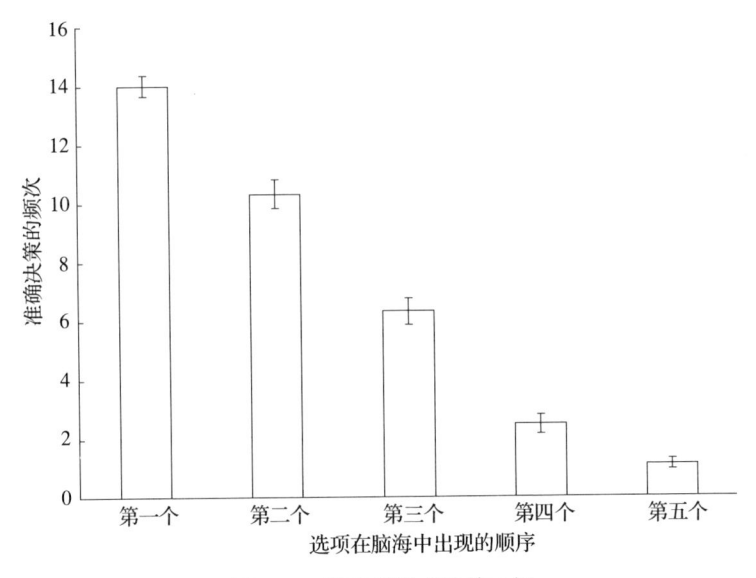

图 2-1　流畅启发式决策示例

注：脑海中出现的第一个选项往往是最佳选项。因此，依赖"流畅启发式"选择第一个出现在脑海中的选项，不仅快速，而且准确。从图中可以看出，专业手球运动员在做决策时，准确性会随着选项出现的顺序而下降。但要注意，该启发式对于新手而言效果不佳。误差条表示标准误。文献来源：Johnson 和 Raab（2003）。

"更快即更好"原则对专家来说更为适用。例如，专业高尔夫球手在只有三秒钟时间而非无限时间时，他们的推杆更准确。[21] 经验丰富的消防员能意识到快速决策可以优于深思熟虑后做出的决策。[22] 同样，企业高管在决定投资哪个项目时使用的启发式，其准确性不亚于较慢的分析方法。[23] 此外，做出更快战略决策的公司往往能实现更高的利润和更快的增长。[24]

流畅启发式不仅解释了为什么快速决策可以更好，还解释了这种现象在什么情况下成立：只有具备相当多的专业知识，才能让最佳选项最先出现在脑海中。流畅启发式会引导专家做出好的决策,但对缺乏必要知识和经验的新手却无效。专业运动员往往相信他们的快速直觉,并珍视自己做出快速决策的能力。相反,在商业领域,不信任快速和直觉决策的文化盛行,而商学院是滋生这种文化的摇篮。许多公司的文化将缓慢决策视为一种美德,高管通过缓慢决策来表明自己是一个优秀的决策者。因此,即使那些经验丰富的高管有很好的直觉(比如投资哪个项目),他们往往也不会立即做出决定。相反,他们可能会再三斟酌,要求员工进行冗长的分析,甚至聘请昂贵的顾问来证明他们凭直觉快速做出的决定是正确的。这就增加了延误和成本;更糟糕的是,这一过程可能导致用更差的方案取代原先更好的方案。员工害怕因犯错而受到惩罚,避免为公司承担风险,这种消极的错误应对文化会加剧这种倾向,导致决策变慢,甚至放弃做出决策(关于这一点的详细讨论,参见第 11 章)。相比之下,家族企业和快速发展的科技公司则更愿意快速做出决策。

总之,在不确定的世界中,速度-准确性权衡通常并不成立。专家依靠流畅启发式可以做出既快速又准确的决策就是其中一个例证。

智能启发式:既节俭又准确

启发式的第二个优势是其节俭性,即它们通常只需利用很少的信息,很多时候甚至只用一条线索。关于人们为什么使用启发式，有一种普遍但不正确的解释是努力 - 准确性权衡：使用启发式可以省力，但会降低决策准确性。[25] 这种权衡是风险情境的一般特征，但并不适用于不确定性情境。在不确定性情境中，启发式既可以减少努力，还能带来比更费力的策略更准确的决策。这个让人吃惊的优势被称为"少即是多"效应。

设想这样一个场景：当公司想知道哪些老客户会继续购买其产品时，该如何进行预测？有经验的从业经理会依赖一条简单法则：

间隔启发式：如果客户在 x 个月内没有购买任何产品，则将其归类为不活跃客户，否则归类为活跃客户。

在零售业和航空业中，间隔期通常为 $x = 9$ 个月。对 24 家公司的研究表明，与机器学习算法（如随机森林）和复杂的市场营销模型（这些模型动用了额外的预测变量和算力）相比，间隔启发式能更准确地预测未来购买行为。[26] 经理们采用间隔启发式，并非因为他们想省力而牺牲准确性，而是因为该启发式能使他们用更少的努力做出更准确的决策。

为什么间隔启发式仅凭一条线索就能表现得如此出色？人们通常认为"多即是好"：数据越多、计算能力越强，预测结果就越好。然而，在不确定性情境中，拥有更多数据并不总是好事。特别是当我们想预测未来，而未来又与过去不同时，仍然基于过去的数据就会导致"过度拟合"：即用过去数据中的趋势预测未来，而这些趋势在未来已不再适用。因此，当一家公司利用大量客户数据创建复杂模型来预测未来购买行为时,就会面临过度拟合的风险:模型成功地"解释"了过去的购买行为,却无法"预测"未来的购买行为。

另一个例子是预测下周因流感而就诊的人数(见图2-2)。谷歌的工程师为此开发了一个名为"谷歌流感趋势"(Google Flu Trends,GFT)的大数据算法。其理念是,如果人们出现流感症状,他们可能会在谷歌上搜索与流感相关的词条,而这些搜索信息可以比任何医疗机构更快地预测流感的传播。为了开发这一算法,工程师们分析了大约5000万个搜索词,测试了数亿个预测模型,

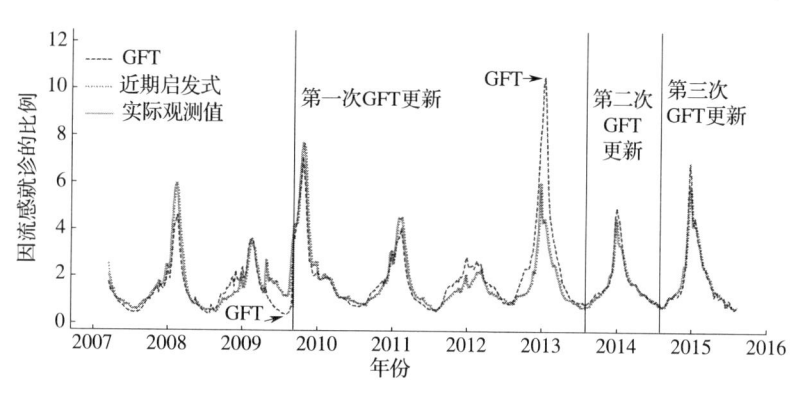

图2-2　GFT与近期启发式流感预测对比

注:与谷歌的大数据算法"谷歌流感趋势"(GFT)相比,使用单一数据点预测每周因流感就诊的比例(即近期启发式)时,预测误差减少了约一半。近期启发式的平均绝对误差为0.20,而GFT的平均绝对误差为0.38。这个结果适用于GFT的所有更新,以及2007年至2015年整个时间段。例如,2009年夏季猪流感暴发时,GFT低估了因流感就诊的比例(虚线),而近期启发式(点线)则迅速适应了这一突发情况。三条竖线表示三次GFT更新。年份代表该年份开始的时间(比如"2008"表示2008年1月1日)。文献来源:Katsikopoulos et al. (2022)。

在选择其中最好的模型后，预测了 2007 年至 2015 年与流感相关的就诊比例。当猪流感于 2009 年 3 月反季节暴发，并于同年 10 月达到高峰时，GFT 未能预测到这一暴发。它持续低估了疫情的蔓延，因为它从之前的年份中学习到，冬季感染人数多而夏季感染人数少。为了应对这一问题，工程师们让算法变得更加复杂，将变量的数量从 45 个增加到 160 个。但这些修改并没有提高预测质量，最终，GFT 于 2015 年被停用。[27]

流感发生在一个动态的"大世界"中。在这个世界里，病毒会发生变异，人们不仅会在出现症状时输入搜索词，还会出于好奇或其他多种原因输入搜索词。为避免过度拟合过去的数据，另一种方法是只使用最近的数据，忽略其他数据。近期启发式仅依赖于最近的数据点，在流感预测中就是上周因流感就诊的比例。

近期启发式：预测下周因流感就诊的比例将与近期的比例相同。

通过仅依赖最近的数据点而非大数据，近期启发式可以快速适应由于病毒变异而导致的非季节性事件，并且不会被与流感无关的线上搜索所干扰。在 GFT 应用的八年时间里，近期启发式预测流感的效果一直更好，且它的表现也优于所有 GFT 的修订版。[28]总体而言，它将 GFT 的预测误差降低了约一半（见图 2-2）。在多变的环境中，一个数据点可以比大数据做出更好的预测。

总体而言：为了避免过度拟合过去的数据，应该力求简单。简单意味着减少模型中需要根据过去数据估计的参数数量。间隔启发式只有一个自由参数，而近期启发式则没有任何自由参数，这使得该启发式因不会过度拟合而具有稳健性。在不确定性情境下，信息越少往往越有利。当然，这并不意味着忽略所有过去信息是最好的；相反，这意味着只使用一个或几个关键特征（如时间间隔）将是一种有效策略。在不确定性情境下，模型使用的特征数量与其预测准确性之间通常呈倒 U 形函数关系。

智能启发式：既透明又准确

透明性是决策规则的一个重要特征。如果一条规则能被一群人理解、记忆、讲授和执行，那么它就是透明的。例如，间隔启发式就是透明的：管理者可以很容易地理解、传达和应用它。相反，如果一家公司采用复杂的机器学习技术（如随机森林）来预测客户未来的选择，管理者将无法理解预测的生成过程，也无法向他人解释其中的逻辑。近期启发式同样具有透明性，而大数据算法 GFT 则没有。

缺乏透明性主要有两个原因：复杂性和保密性。在 GFT 的例子中，这两个原因都适用：谷歌没有公开分享足够的 GFT 细节，比如使用的变量和具体算法，这可能是因为他们想保留 GFT 的知识产权。然而，即使谷歌公开了这些信息，GFT 对大多数人来说仍然是不透明的。最初的 GFT 是基于 45 个搜索词构建的，后来增加到了 160 个。因此，仅仅公开算法本身并不能保证透明性。

同样，人们普遍认为透明的规则总是不如不透明的规则准确。换句话说，要做出最佳决策，必须依赖那些最不透明的规则。例如，美国国防高级研究计划局（Defense Advanced Research Projects Agency）的机器学习研究人员曾声称，存在一个普遍的透明性与准确性之间的权衡（见图2-3）。

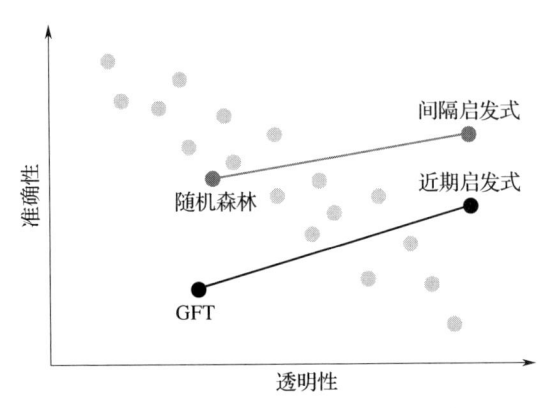

图2-3 透明性与准确性之间的权衡

注：透明性与准确性之间的权衡并非普遍存在。浅灰色的点展示了预测中所谓的透明性与准确性之间的权衡：不透明的算法预测效果最佳（左上），而透明的算法预测效果更差（右下）。这些点可以在很多文献中找到，但很少基于实际数据。它们暗示透明性要求牺牲准确性。我们添加了基于实际数据的反例。第一组例子表明，透明的间隔启发式比随机森林（一种复杂而不透明的机器学习算法）能更好地预测客户购买行为。第二组例子则表明，近期启发式比不透明的谷歌流感趋势（GFT）的预测效果更好。本图中，启发式和算法的位置是相对的，仅用于示意说明。

正如我们在图2-3中看到的，透明性与准确性之间的权衡并不普遍存在。尽管GFT不如近期启发式透明，但近期启发式的准确性更高。同样，尽管间隔启发式更透明，但它预测客户未来购买行为的准确性却高于随机森林，虽然后者从过去的客户数据中构建了成千上万个决策树，是最为强大的机器学习技术之一。这两个基于实际数据的例子表明，并不存在一个普遍的透明性－准确性权衡。相反，我们需要识别在何种情况下更高的透明性与更高的准确性相关，何时则不然。这正是我们将在第 3 章要讨论的启发式的生态理性问题。

对于可解释的人工智能（Explainable Artificial Intelligence，XAI）领域而言，不存在透明性－准确性权衡是一个积极的结果，因为该领域普遍假设这一权衡的存在。例如，大多数用于预测顾客是否会再次购买或罪犯是否会再次犯罪的算法都非常复杂，以至于管理者、被告和法官都无法理解这些预测是如何做出的。为了解决这个问题，XAI 可能会尝试用简单的术语解释一个复杂的算法，如随机森林。然而，这样做不仅难度大，还存在扭曲原意的风险。对此，我们提供了一个新的解决方案：在使用难以解释的复杂 AI 算法之前，先检查是否存在一个可用于当前预测任务的既透明又准确的启发式。

常见误解

在本章中，我们介绍了使用启发式的四个主要理由：它们快速、节俭、准确且透明。启发式使我们能够应对大世界中的不确定性和难解性问题，而这些问题无法使用基于期望效用最大化和概率论的方法来解决，甚至使用大数据的 AI 算法也难以奏效。对小世界和风险而不是大世界和不确定性的关注，导致了许多关于启发式的误解。表 2－3 总结了一些最为普遍的误解。

表2-3 关于启发式的六个常见误解

常见误解	说明
启发式只能产生次优结果,最优化总是更好	在不确定性情境(如商业决策)和难解性情境(如国际象棋)下,最优化是无法实现的。在这些情境中,启发式是行之有效的工具
存在两种推理系统:系统1是快速、启发式、直觉、无意识且经常出错的;系统2是缓慢、合乎逻辑、深思熟虑、有意识且正确的	这种二分对立的观点是错误的。启发式可以被无意识或有意识地使用,且能比合乎逻辑、深思熟虑的考量做出更成功的决策。与启发式类似,深思熟虑的统计思维也可能被应用于错误情境中,正如那些不仅未能预测2008年金融危机,反而助长了危机的经济模型所示
启发式导致偏差,而期望效用最大化方法则不会	这个误解源于误解1。由于在大世界(不确定性和难解性环境)中期望效用最大化无法实现,真正的问题是明确在什么情境下使用什么启发式。在大世界中使用诸如期望效用最大化方法这样的小世界工具会导致确定性幻觉和错误
人们只应在不重要的日常决策中依赖启发式	几乎所有重要的问题都涉及不确定性。因此,专家必须在后果严重的情境(如投资、规划和人事决策)中依赖启发式
更多的数据和计算能力总是更好	这个观点只在风险情境中成立。在不确定性情境下做出好的决策,需要我们忽略部分信息,以提高稳健性和防止过度拟合
不应该相信直觉,分析式思维总是更好	没有直觉,就几乎不会有创新或进步。将直觉与分析思维对立具有误导性,通常两者我们都需要。做规划或觉察某些问题时需要直觉,而评估计划或查找问题的原因时需要分析

注:这些误解源于小世界、风险以及"系统1"和"系统2"相对立的前提假设。一旦我们假设了大世界和不确定性,并认识到不同思维方式的价值,就能消除这些误解。

从下一章开始，我们将抛开"小世界"这一不切实际的假设，更深入地探讨充满不确定性的大世界。在讨论了我们"为什么"需要启发式之后，我们将学习有关"什么"和"何时"的问题：有哪些不同的启发式？它们在何时以及在什么条件下有效？对适应性工具箱的研究回答了"什么"的问题，而关于生态理性的研究则回答了"何时"的问题。

3 适应性工具箱

在大世界中，不存在一种适用于所有情景的通用最佳决策法则。以涉及求职者未来表现不确定性的招聘决策为例。公司通常会收集关于求职者的一系列信息，例如他们的教育背景、人格特质、过往工作经历以及社交媒体活动，并在招聘决策中考虑所有这些因素。然而，特斯拉创始人兼首席执行官埃隆·马斯克（Elon Musk）却另辟蹊径。据报道，当特斯拉还是一家小公司时，马斯克使用了一种仅考虑单一线索的启发式。[1]

马斯克的招聘规则：如果求职者有非凡的能力，就向其提供工作机会；否则不予考虑。

这一法则是"单一巧妙线索启发式"的一个实例，我们将在本章中对该启发式进行更详细的讨论。马斯克的理由是，一个过去表现出非凡能力的人，未来也很可能会继续展现这种能力。招聘决策也可以基于社会启发式来进行，例如口碑启发式。芝加哥一家清洁公司的韩国老板就是依靠自己的员工来识别优秀的求职者的。[2]

口碑启发式：让在职员工推荐合适的人选。

口碑启发式的逻辑在于，员工往往会推荐他们认识的、可靠的人，因为他们觉得自己需要对新员工负责，而且他们自己的声誉也会受到新员工表现的影响。

一个组织机构或领导者所能够使用的一系列规则（包括启发式）构成了他们的"适应性工具箱"。这个工具箱的比喻与那些假设所有问题只有一个通用工具的理论（比如期望效用最大化和贝叶斯更新）形成了鲜明对比。俗话说，在拿锤子的人眼中，一切都像钉子；在通用理论的支持者眼中，一切问题都像是最优化问题。然而，现实世界中存在着多种任务，完成这些任务需要多样化的工具。因此，适应性工具箱的研究涉及一个描述性问题：工具箱里有什么？

一个人要想成为优秀的决策者，就必须为手头的任务选择合适的工具。这就像一位携带工具箱的建筑工人，他知道应该用锤子来敲钉子，用螺丝刀来拧螺丝。生态理性的本质就是选择一个与任务要求相匹配的工具。例如，马斯克的招聘启发式在公司规模较小、需要增长时是一个极佳选择。然而，随着公司扩张，特斯拉也需要擅长常规工作的员工，此时若仍以"非凡能力"作为单一招聘标准就会适得其反。此外，如果公平性是招聘中主要考虑的因素，那么像那位韩国老板所使用的口碑启发式可能就不合适——这是该老板被指控歧视非韩国人后得到的深刻教训。因此，对生态理性的研究还涉及一个规范性问题：对于特定的任务应该使用哪种启发式？

一般而言，决策者的经验越丰富，他们的适应性工具箱中工具就越多，他们对这些工具的生态理性理解也就越深刻。事实上，拥有丰富的工具并能灵活使用它们是人类智慧的标志。现在，让我们来看看适应性工具箱中主要的启发式类别吧。

启发式的类别

图 3-1 列出了五大类启发式，并给出了每类中的具体示例。这些启发式充分利用了人类大脑的核心能力，以及物理和社会环境中反复出现的特征。尽管它们在快速节俭启发式的研究中得到了广泛的探讨，但它们既不是完全的（即无法全面涵盖所有启发式类别），也不是每个人适应性工具箱中的必备工具。

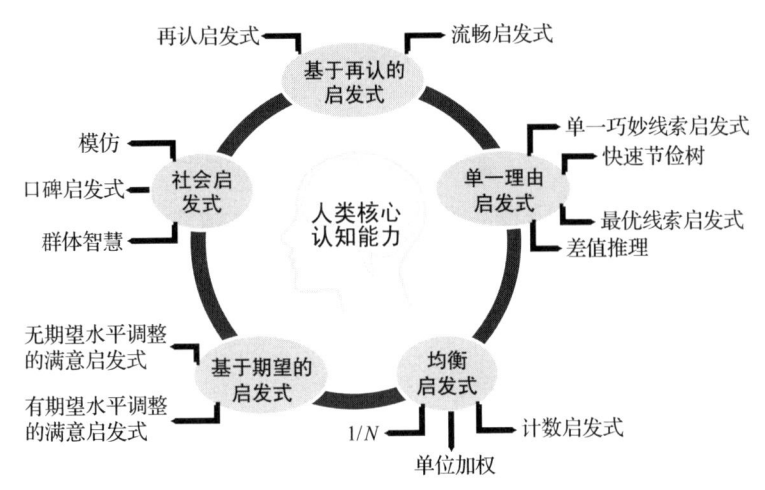

图 3-1 适应性工具箱中的主要启发式类别及每类示例

基于再认的启发式

再认是人类记忆的核心能力之一,几乎不需要有意识的努力。即使一个人未能成功再认某个物体,这一事实也能提供有价值的信息。这就是再认启发式的基本原理。

再认启发式

想象一个需要在两个选项间做出决策的情境。比如,一家公司在海外市场拓展业务时,需要在两家本地银行中选择一家进行合作,或者一位消费者要在两个品牌的鞋子中做出选择。

再认启发式:两个选项中,如果一个被识别而另一个未被识别,那么选择被识别的选项。

这个启发式的巧妙之处在于它利用了半无知状态,即人们听说过一个选项而没有听说过另一个。这一原理的有效性已被验证,比如预测2003年温布尔登网球锦标赛的比赛结果。[3] 在男子单打项目中,共有128名选手参赛,经过七轮比赛,共进行了127场比赛。要预测每场比赛的获胜者,人们可以使用官方的职业网球协会(Association of Tennis Professionals,ATP)冠军赛排名或ATP入围排名,选择排名更高的选手(通常也是比赛中排名更高的种子选手)。然而,再认启发式则更为简单——选择那个名字被听说过的选手。网球专家无法运用这一启发式,因为他们认识所有选手;相比之下,网球爱好者只能认出大约一半的选手,因此可以在约40%的比赛中应用这一启发式。在这些比赛中,基于网球爱好者识别信息的再认启发式平均能准确预测73%的比赛结果,比ATP排名的预测准确率更高(见图3-2)。因为个体无法在所有情况下应用再认启发式(即当两个选手都被识别或都不被识别的情况),所以可以改用网球爱好者对选手的总体识别率来进行预测。这种基于集体再认的启发式预测准确率达到了72%。

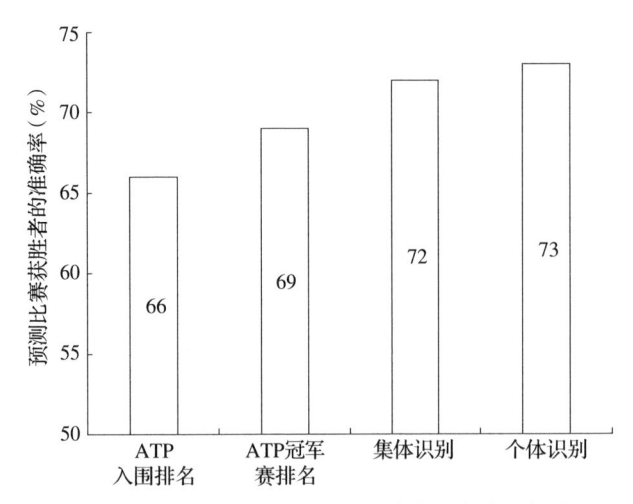

排名方式	预测比赛获胜者的准确率(%)
ATP入围排名	66
ATP冠军赛排名	69
集体识别	72
个体识别	73

图3-2 预测2003年温布尔登网球锦标赛的比赛结果

注:在对2003年温布尔锦标赛获胜者的预测中,网球爱好者的预测准确率优于官方ATP排名。ATP入围排名和ATP冠军赛排名是两种不同的排名系统;"集体识别"预测在多个网球爱好者中被识别率更高的那个选手会赢得比赛;"个体识别"则根据再认启发式预测获胜者。文献来源:Serwe & Frings(2006)。

再认启发式在这里之所以有效,是因为选手识别度与其表现高度相关。类似地,品牌知名度通常与产品质量相关,因此消费者在选择产品时,倾向于依赖他们听说过的品牌。当可选择的产品超过两个时,消费者通常会优先考虑他们已知的品牌。因此,部分公司试图通过投资品牌知名度,而非提高产品质量来利用消费者对品牌识别的依赖。这一策略降低了消费者使用这一启发式的生态理性,因为此时品牌知名度更多地与广告投入相关,而不是与产品质量相关。

流畅启发式

再认启发式依赖于是否识别某个选项,而流畅启发式则利用识别速度,选择更快被识别的选项。因此,即使两个选项都被识别,也可以应用流畅启发式。流畅启发式还可以用于需要从记忆中生成选项的情境,比如手球运动员的例子(参见第 2 章图 2–1)。流畅启发式利用了人类大脑进化出的能力,能够觉察到细微的识别速度差异。研究显示,人们能够感知到 100 毫秒以上的识别延迟差异。[4] 正如第 2 章所解释的,多年的经验积累是流畅启发式具备生态理性的前提:对于专家而言,第一个出现在脑海中的选项往往是最好的选择。

单一理由启发式

通常情况下，支持或反对某个选项的理由有很多。因此，决策者可能会面对需要处理的大量信息而感到不知所措。单一理由启发式表明，这种情况是可以避免的。该启发式有两种类型。一种是找到一个好的理由，并基于此做出决策，即"单一巧妙线索启发式"；马斯克的招聘启发式就是一个例子。另一种类型则可能会搜索更多理由，但也只基于一个理由做出决策，这被称为"顺序搜索启发式"。

单一巧妙线索启发式

巧妙线索是指非常强有力的线索，以至于考虑其他线索（或理由）也不会提高决策效果，反而会拖慢决策过程，甚至降低表现。以棒球外场手如何接住高飞球的问题为例。一种可能的解决方案是，他们计算出球的轨迹并跑到球将落地的位置：

$$z(x) = x\left(\tan\alpha_0 + \frac{mg}{\beta v_0 \cos\alpha_0}\right) + \frac{m^2 g}{\beta^2}\ln\left(1 - \frac{\beta}{m}\frac{x}{v_0 \cos\alpha_0}\right)$$

要计算球落地的位置 $z(x) = 0$，球员需要估算球相对于地面的初始角度 α_0 和球的初始速度 v_0，知道球的质量 m 和摩擦系数 β，将重力加速度 g 设为 9.81m/s^2，并能够计算正切和余弦。

即便如此，这个公式仍然过于简化，因为它忽略了风和球体旋转的影响。重要的是，真正的挑战不在于计算公式，而在于估算其参数，比如初始角度和初始速度。有经验的球员则依赖于简单启发式。如果球在高空，凝视启发式会引导球员接住球。

凝视启发式：将视线固定在球上，在对其凝视的角度保持不变的条件下，调整奔跑的速度和方向。

图 3-3 显示，通过使凝视角度保持不变，球员能够到达球落地的位置。凝视角度就是一个巧妙线索。依赖该方法的球员无须估算球的轨迹。事实上，他们可以完全忽略计算轨迹所需的所有因素。

图 3-3　凝视启发式示例

注：凝视启发式是一种单一巧妙线索启发式，它能使棒球运动员接住高飞球。为了接住球，球员在凝视角度恒定的情况下调整奔跑速度。许多动物也使用这种策略来拦截猎物和寻找配偶。文献来源：Gigerenzer（2007）。

凝视启发式并不是棒球外场手发明的。蝙蝠、鸟类、鱼类以及其他动物都使用它来捕猎和寻找配偶。[5] 该启发式还被内置于一种极为成功的自主制导武器——AIM-9响尾蛇短程空对空导弹之中。[6] 该导弹是一种廉价但可靠的拦截系统，其"凝视"指向一个热源，即目标。尽管最早在20世纪50年代就首次投入使用，AIM-9响尾蛇至今仍在许多国家服役，而新型导弹似乎也基于相同的启发式，即与目标保持恒定的接近角度。

在管理领域也可以找到不少单一巧妙线索启发式的例子。它们常用于排除备选方案或缩小选择范围。沃伦·巴菲特（Warren Buffett）的著名法则"永远不要投资你无法理解的业务"就是一个典型例子，它明确给出了一个足以排除投资选项的理由。苹果公司的战略"只进入我们可以做到最好的市场"也是类似的案例。

在《简单规则：如何在复杂世界中蓬勃发展》一书中，组织学者唐纳德·苏尔（Donald Sull）和凯瑟琳·艾森哈特（Kathleen Eisenhardt）介绍了人们在商业战略决策中使用的100多个简单法则。[7] 其中许多法则都属于单一巧妙线索启发式类型。例如，苏联解体后，一家俄罗斯私募股权公司在做投资决策时使用了不少策略法则，包括"只与认识罪犯但自己不是罪犯的高管合作"以及"投资那些普通俄罗斯家庭在每月有额外100美元收入时，会愿意购买其产品的公司（这意味着这些公司提供的产品符合家庭的额外预算）"。这些法则在其他国家和不同时期具有多大程度的生态理性还有待研究。

在某些情况下，单一巧妙线索可能不足以支撑决策，这时可以依次搜索多个线索，但最终仍只依据一个线索（或理由）做决策。快速节俭树、最优线索启发式和差值推理都是顺序搜索启发式的例子。

快速节俭树

急诊医生必须迅速判断病人需要立即治疗，还是可以稍后治疗；边防站的士兵必须迅速辨别驶来的车辆是友好车辆，还是携带了自杀式炸弹；管理者则需要决定是否晋升某位员工。快速节俭树正是用于进行这些分类决策的工具。与复杂的决策树不同，快速节俭树只检查少量线索或问题，并尝试在每个线索或问题之后做出决策。

快速节俭树：一种由 n 个线索和 $n+1$ 个决策出口构成的简单决策树。

它有三个构建模块：

搜索规则：按照预定顺序搜索线索。

停止规则：如果某个线索指向决策出口，则停止搜索。

决策规则：按照出口设定的内容采取行动。

在一项实验中，我们要求经理根据销售人员每周的销售业绩，来决定留用或解雇他们。[8] 销售业绩的平均值、趋势和波动情况都在一张图表中可见。许多经理采用的规则是图 3-4 中所示的快速节俭树。首先，检查该销售人员的平均销售业绩是否高于平均水平。如果是，便留用该销售人员，不再询问其他问题；如果其业绩低于平均水平，则接下来询问其业绩是否呈上升趋势。如果趋势不是上升，便解雇该销售人员；如果趋势是上升，则再进一步询问销售业绩波动情况，之后做出决定。与完整的决策树不同，快速节俭树中线索的顺序至关重要。第一个线索可以立即产生决策，而其他线索无法推翻这个决策。例如，即使某个销售人员业绩趋势向下，且每周销售业绩波动较大，但只要其业绩高于平均水平，该人员就会被留用。

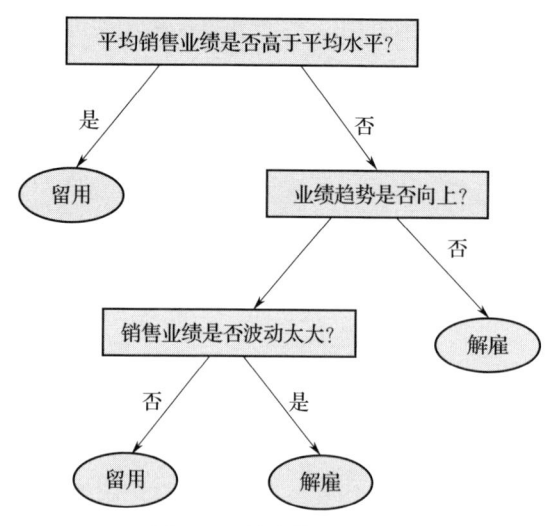

图 3-4　快速节俭树示例

注：经理们用来决定留用或解雇销售人员的快速节俭树。如果平均销售业绩高于平均水平，则留用该销售人员；否则，提出第二个关于业绩趋势的问题，该问题可能产生决策，也可能不会；如果前两个问题均未能做出决策，则提出第三个关于业绩波动程度的问题。

最优线索启发式和差值推理

快速节俭树是一种针对单一目标（例如，是否解雇一名员工）做决策的启发式，而最优线索启发式和差值推理则是用于在两个选项之间进行选择的启发式。这两个启发式的逻辑和构建模块与快速节俭树类似，但两者的区别在于，最优线索启发式通常处理二元线索（例如，求职者是否拥有大学学位），而差值推理则可以处理所有类型的线索，包括连续、分类和二元线索（例如，求职者的智商分数和教育水平）。差值推理中的"差值"指的是一个阈值，当某一选项与另外选项在某个线索上的差值大于该阈值时，就认为它们有足够的差异，此时停止搜索并做出决策。

以美国职业橄榄球联盟（National Football League，NFL）的比赛为例。NFL是美国收入最高的体育联赛，在赛季期间每周有千百万人观看其比赛。记者格雷格·伊斯特布鲁克（Gregg Easterbrook）曾为ESPN撰写了一篇名为"周二早晨四分卫"的橄榄球专栏。2007年，两位读者分别向他提出了一个简单的预测模型：战绩更好的球队获胜；如果战绩相同，那么主场球队获胜。[9] 这个模型本质上就是差值推理的一个例子，其中第一条线索是球队的胜负记录，第二条线索是主场或客场（见图3-5）。"胜负记录"线索的差值设为0（即两队的任何差异都会产出预测），而"主客场"是个二元线索。

这个简单启发式在2007—2008赛季中，击败了伊斯特布鲁克追踪的数十位专家中的几乎所有人，只有一位专家例外。在2008—2009赛季，它几乎重复了同样的成就，击败了除两位专家外的所有人。[10] 有时，伊斯特布鲁克会对启发式的预测表示怀疑，并用自己看好的球队替代预测结果。但这样一来，预测准确性反而降低了！使用这个启发式，人们无须掌握任何内部信息，不用花时间阅读球队报告和进行复杂分析、不需要了解参赛球队的历史，甚至连美式橄榄球的规则都不需要知道。启发式所需的所有信息都可以在任何发布NFL比赛信息的网站上轻松找到。

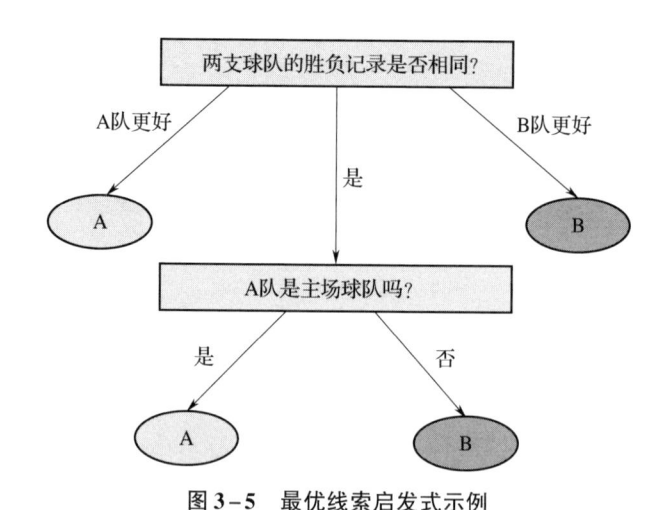

图3-5 最优线索启发式示例

注：可用于预测NFL比赛获胜队的差值推理启发式。在两支球队之间，预测战绩更好的球队将赢得接下来的比赛。如果两支球队的战绩相同，则预测主队获胜。

有人可能会尝试通过寻找"最优"差值（即对过去数据拟合最好的差值）来提高差值推理的准确性。然而，在一个涵盖39个现实问题（例如，预测两所高中的辍学率哪个更高、一对钻石中哪一颗的售价更高）的研究中，我们发现，将差值简单设置为0与使用最优拟合的差值同样准确，其预测效果也不亚于一些复杂模型（如贝叶斯线性回归）。[11]

均衡启发式

单一理由启发式在有强有力线索时效果很好。然而，在线索信息质量相似的情况下，均衡启发式更为适用。均衡启发式以简单的方式整合线索，比如对支持和反对的理由进行简单相加。这使得均衡启发式与最优化模型有所不同——最优化模型会为不同的理由估计权重，并会考虑线索之间的相互依赖性和相互影响。

计数启发式

计数启发式的基础是人类计数和比较数字的核心能力。它是一种用于分类决策的工具，其工作原理与快速节俭树相同，但逻辑正好相反。计数启发式不对线索进行排序并依次搜索，而是将所有线索视为同等重要。想象一个有 n 个二元线索的任务，其中正向线索值指向类别 X，$k(1 < k \leq n)$ 是分类阈值。

计数启发式：首先设定一个数字 k。如果决策或预测的目标有大于或等于 k 数量的正向线索值，则将其归类为 X，否则为非 X。

计数启发式本质上是线索间的民主投票。它简单透明，能够带来高度准确的分类结果。例如，研究雪崩的学者伊恩·麦克卡蒙（Ian McCammon）和帕斯卡尔·哈格利（Pascal Hägeli）设计了一种叫作"明显线索法"的计数规则来评估雪崩风险：七个相关线索如果在一个情境中出现了三个以上，则将该情境归类为危险情境。[12] 这些线索（比如过去 48 小时内是否发生过雪崩、最近是否因突然升温导致雪面上有液态水）都是根据多年观察得出的，且能够预示雪崩风险。在与八种更复杂的方法进行对比测试后，明显线索法达到了最高的预防率（即可以预防雪崩事故的成功率）。阿伦·利希特曼（Allan Lichtman）的"通向白宫的 13 把钥匙"模型是另一个例子，该模型被用于预测哪位候选人将在美国总统选举中赢得普选。[13] 自 1984 年首次预测以来，这个基于简单计数法的模型准确预测了除了 2016 年和 2024 年的所有选举结果。

单位加权

组织机构通常使用多元线性回归来预测一个连续变量的值，如产品销售量。这些模型通过估计线索的权重来反映它们的相对贡献。与之相反，单位加权则对所有线索赋予相同的权重，以减少估计误差。乍一看,单位加权似乎是一个努力与准确性权衡的好例子:通过省去估算线索权重的努力,最终得到较低的判断准确性。然而,心理学家罗宾·道斯(Robyn Dawes)和伯纳德·科里根(Bernard Corrigan)的一项开创性研究表明,实际情况并非如此。在他们研究的四项任务中,有三项任务(包括预测大学生的平均绩点、研究生的学术成就和患者的精神诊断)显示,单位加权比多元线性回归更为准确。基于这一发现,道斯和科里根宣称,要做出好的判断,"全部诀窍在于决定要关注哪些变量,然后知道如何将它们相加"。[14] 了解精确的线索权重几乎没有任何价值。

在评估员工的人格与态度时,组织机构通常使用包括多个题目的量表对潜在或现有员工施测,并赋予这些题目相同的权重,由此形成一个综合分数。这是否意味着每个题目的回答对所评估的潜在构念(如员工满意度)同等重要?可能并非如此。但有两个主要原因使单位加权成为一个好的法则。首先,精确的加权对被评估者的排名影响很小;其次,使用的题目越多,需要估计的权重和题目间的相关性指标就越多,估计误差也就越大。为了避免过度拟合,将各个题目等权重处理是个合理的选择。

1/N 法则

现在考虑另一类问题:如何将有限的资源分配到 N 个选项之中,比如将有限的预算分配给公司的不同部门,或将有限的储蓄分配到不同的投资产品之中。同样地，解决这个问题有两种方法。一种是尽可能多地获取过去的数据，利用这些数据估算每个选项的权重，并根据权重分配资源，将更多资源分配给权重较大的选项。另一种方法则适用于不确定性情境，即未来可能与过去不同的情况。在这种情况下，需要简化以避免估算误差，避免对过去的过度拟合。1/N 启发式将资源平均分配给所有选项，并使用与计数启发式和单位加权类似的多样化原则。如第 1 章所述，哈里·马科维茨的均值-方差模型反映了前一种方法的思想，而他自己在投资中使用的 1/N 启发式则体现了后一种方法的精髓。研究表明，1/N 的表现与均值-方差模型以及其他高度复杂的投资模型相当，甚至比它们更好，并且所需的时间和精力投入明显要少。[15]

除了金钱分配外，1/N 法则也被认为是父母或主管在孩子或员工之间分配注意力的一种公平方式。有趣的是，父母使用公平的 1/N 法则可能会导致"中间子女效应"，即在成长过程中，中间出生的孩子（例如，三孩家庭中的第二个孩子）从父母那里获得的资源往往更少。[16] 假设父母在任何给定时间都将资源平均分配给他们的孩子，那么长子在其他孩子出生前将获得所有资源，而最小的孩子在年长的孩子变得更独立或离开家后将获得所有资源。中间的孩子则从未有过这样的机会，他们必须一直与其他孩子分享资源。因此，尽管父母的初衷是公平的，但累计起来看，中间子女获得的资源更少。这一反直觉的结果表明，启发式的效果取决于其环境（在这里是指兄弟姐妹的数量）：如果有两个孩子，父母的公平目标可以达成，但在其他情况下则不能。

基于期望的启发式

库尔特·勒温（Kurt Lewin）通常被认为是社会心理学的奠基人。他众多的发现中包括一个关于"期望"的概念，即人们渴望达成的目标。这个概念后来被赫伯特·西蒙借用，成为他著名的"满意启发式"的关键成分。

满意启发式

前面介绍的启发式能帮助人们在两个或几个选项之间做出选择，满意启发式则可以应对大量选项，甚至在不知道有多少选项存在时也能运用。在只评估单一属性（如价格或预期利润）的基本情境中，该启发式包含三个步骤：

第 1 步：设定一个期望水平 α，并逐一检查选项。

第 2 步：选择第一个满足 α 的选项。

第 3 步：如果在时间 β 之后仍没有选项满足 α，则下调 α，幅度为 γ，并继续寻找，直到找到满意的选项。

如果只使用前两个步骤，这个过程称为"无期望水平调整的满意启发式"；如果使用所有三个步骤，则称为"有期望水平调整的满意启发式"。在商业领域，满意启发式常用于商品定价。对 600 多家德国二手车经销商的分析表明，其中 97% 的经销商在定价时使用满意启发式，无论是否调整了期望水平。最常见的策略是从一辆车的市场平均价格开始，在大约四周后降价，并重复这一过程，直到车辆售出。[17]

通过在每个属性上设定一个期望水平，满意启发式可以很容易地被推广到包括多个属性的任务中。假设一家风险投资公司想投资一个新兴领域的初创公司，并且关注三个属性：公司五年战略规划、工程师在所有员工中的比例，以及创始人的个人魅力。使用满意启发式，投资公司可以为每个属性设定一个期望水平，开始搜索，并选择第一家满足所有期望的初创公司。

虽然可能有更好的值得投资的初创公司，但除了不确定性之外，还有两个因素帮助满意启发式成为一个好的决策法则：搜索成本和市场竞争。当搜索成为决策过程的必要部分时，它通常会产生成本，这一点大多数购房者都深有体会。满意启发式通过有效设定搜索的停止规则，可以防止搜索成本失控。此外，好机会往往为众人所渴望，要获得它们通常伴随竞争。如果一个人不断搜索而迟迟不做决定，好机会很可能被别人抢走。无论货币投资、买房，还是择偶，都是如此。因此，明确自己的需求，并在好机会出现时迅速行动至关重要。

经典的"秘书问题"（the secretary problem）与只用前两步的满意启发式有相似之处，但它假设了一个小世界，即选项数量 n 是已知的（而且 n 不会太大，以避免无休止的搜索）。在秘书问题中，公司的目标是通过逐一面试候选人来找到最好的秘书，并在面试后立即决定是否为候选人提供职位，而且一旦拒绝了某个候选人，公司就无法在之后重新召回该候选人。当候选人的总数已知时，能够将找到最佳秘书的概率最大化的解决方案是：先面试前37%的候选人而不做出任何聘用决定，然后继续面试，直到找到一个素质比前面所有候选人中最好的那个还要好的人为止。然而，如果候选人的数量未知，且目标是选择一个优秀而非最好的秘书（例如排名前10%），那么一个更简单的解决方案效果更好。这个方法被命名为"试一打"（try a dozen），该方法用一个固定的数字12取代之前方法中的37%。使用这个启发式会有更高概率找到合适的秘书，同时大大减少搜索时间。[18] 有趣的是，天文学家约翰内斯·开普勒（Johannes Keppler）在第一任妻子去世后寻找再婚对象，最终在考虑过11位女性后做出选择。他的第二次婚姻非常成功，除了育有七个子女之外，他还产出了四部重要著作。

社会启发式

到目前为止，本章介绍的所有启发式都可以用于解决社会性和非社会性问题。例如，满意启发式可以用来选择房产，也可以用来选择配偶。然而，还有一类仅依赖于社会信息、真正具有社会性的启发式。我们在此介绍三种社会启发式：模仿、口碑启发式和群体智慧。

模仿

模仿是人类文化的推动者。没有任何其他物种像人类一样，能够如此广泛而精确地模仿他人的行为。从幼年起，儿童就能模仿他人的动作并理解动作的意图，通过模仿成人和同伴的行为来学习并与群体其他成员建立联系，还会遵循多数人的行为和社会规范。虽然黑猩猩也会模仿，但它们只会偶尔模仿，且模仿技巧远不如人类高超。[19] 模仿学习不仅帮助儿童在陌生、不确定甚至危险的世界中生存下来，还为人类群体注入了稳定性，促进了知识和社会规范在世代之间传递。

公司也常通过模仿其他公司的成功产品和技术来进行类似的社会学习。例如，亚马逊于 2015 年推出了互联网家居助理设备 Echo，这款产品尽管存在隐私问题，但依然取得了巨大成功。一年后，谷歌推出了一款非常相似的产品 Google Home，而苹果也在 2017 年推出了自己的 Home Pod。模仿，为公司进入市场提供了一种快速且相对安全的方式。与其在不确定市场反应的尖端技术上大量投资，企业不如简单地复制并改进已被市场验证的创意，从而降低失败的概率。尽管如此，明目张胆地模仿而没有一点差异化的创新可能会使模仿者处于不利的"市场后来者"（late-mover）地位，这不仅影响其自身的发展，还会阻碍整个市场在技术和产品上的创新与进步。

口碑启发式

正如本章开头所提到的,口碑启发式指的是基于他人的推荐来做决策。公司利用这种方法寻找优秀的员工和可靠的商业伙伴,求职者用它缩小潜在雇主的范围,消费者则用它决定去哪里用餐以及购买什么商品。想要让口碑启发式发挥作用,询问者和推荐者之间需要建立信任关系与长期依赖性。当这种信任被滥用,尤其是当推荐者有其他目的时,他们可能不会提供最真实的信息或最合适的选择,从而使口碑启发式失效。

群体智慧

在《自然》杂志上发表的一篇简短论文中,弗朗西斯·高尔顿(Francis Galton)爵士报告了首个有文字记载的群体智慧案例。[20] 在英国普利茅斯的一次乡村集市上,大约800人对一头屠宰后的牛的重量进行了竞猜。高尔顿收集了所有的竞猜票,发现这些人估计的平均值只比实际重量少了一磅。

群体智慧:通过对许多人独立判断的结果进行平均来估计一个数量。

群体智慧的基础是统计学中的大数定律:样本越大,样本均值越接近于真实值。确保均值判断准确的一个关键条件是个体估计的独立性。如果估计受到他人（比如一位喜欢发表自己观点的领导）的影响，这些估计将不再相互独立，均值可能出现偏差，导致类似"群体思维"（groupthink）的现象出现。在商业领域，领导者往往太过急于先发表自己的意见，这会影响下属的发言（甚至他们的思路），从而使群体智慧不再是具有生态理性的启发式。为避免落入这一陷阱，"先听后说"这个启发式可能有用。该启发式适用于领导者，而非下属，可以帮助企业有效获得群体智慧的成果。

在互联网和社交媒体时代，人们越来越希望借助于群体智慧，通过用户对餐厅、书籍和许多其他产品的评价来做出选择。如果这些评价相互独立且没有偏差，那么它们会是很好的指南。然而，这些条件并不总是具备。2021年的一份报告显示，2020年发布的所有在线评论中，约有31%是虚假评论。[21] 虚假评论的一个来源是"机器人农场"，它们通过操纵排名、星级、点赞和收藏以获取利益。

启发式的生态理性

埃隆·马斯克做决策时，仅依据一个理由就能做出比依靠多个理由或整个人才评估中心更好的选择，这可能吗？对单一理由启发式生态理性的研究给出了答案：确实有可能。可以证明的是，在某些条件下，依赖单一理由与考虑更多信息的效果一样好，甚至更胜一筹；占优线索情境（接下来将讨论）就是其中之一。然而，生态理性的研究也指出了其他启发式在什么情况下可能会成功。其中一些条件已在之前提及，这里我们将重点介绍两个一般性结果。第一个结果表明，线索权重的分布可以指导人们从适应性工具箱中选择合适的启发式；第二个结果解释了为什么在不确定性情境下，简单启发式可以比复杂模型具有更好的预测力。

占优线索与均衡线索

线索决定了启发式的绝对与相对表现。通常，在存在占优线索的条件下，单一理由启发式是生态理性的；而在所有线索同样有效时，均衡启发式是生态理性的。为了理解这一点，我们可以设想这样一种情况：有 n 个二元线索可用于做出一个二元决策，例如"雇用"或"不雇用"。一个线性模型对所有线索加权并求和，形式如下：

$$y = w_1 x_1 + w_2 x_2 + \cdots + w_n x_n$$

其中，y 是效标变量，x_i 是线索 i 的值（$i=1$，$\cdots$，n），w_i 是线索 i 的决策权重，按顺序排列，反映了在考虑排名更高的线索后，线索 i 的相对贡献。为简化起见，所有权重均为正值。如果 y 为正，模型建议"雇用"；否则，建议"不雇用"。

如果所有其他线索的权重之和小于线索 1 的权重，那么这个线性模型无法比仅基于最有效线索（即线索 1）的单一巧妙线索启发式做出更准确的决策，因为其他线索不可能推翻由线索 1 做出的决策。[22] 这被称为"占优线索情境"，在该情境下，线索权重的值满足以下条件：

$$w_1 > \sum_{i=2}^{n} w_i$$

图 3-6 左侧展示了占优线索情境的一个示例，其中五个线索的权重分别为 1、1/2、1/4、1/8 和 1/16。这也是占优线索情境的一个更为极端的表现形式，因为其中任何一个线索的权重都大于其后续所有线索的权重之和。这种情况可以保证基于单一理由的顺序启发式，比如占优线索启发式和快速节俭树，在决策效果上不会被线性模型所超越。[23]

当所有线索的权重相等（如图 3-6 右侧所示）时，很明显，单一理由启发式无法比均衡启发式（如计数启发式）表现得更好。在这个均衡线索情境下，没有哪个线索比其他线索更好；因此，要做出好的决策，需要综合考虑所有线索。也正是在这种情境下，任何对线索赋予不同权重的线性模型都无法超越计数启发式。

当线索之间高度相关时，占优线索情境更有可能成立，因为最有效线索之外的其他线索能提供的附加信息是有限的。在前述的一个研究中，研究者在 39 个现实问题中考查了差值推理的表现，发现每个问题的前三个线索往往高度相关，且占优线索情境在大多数情况下都成立。这也是为什么在所有问题中，使用差值

图 3-6 线索权重 (w_i) 的分布情况

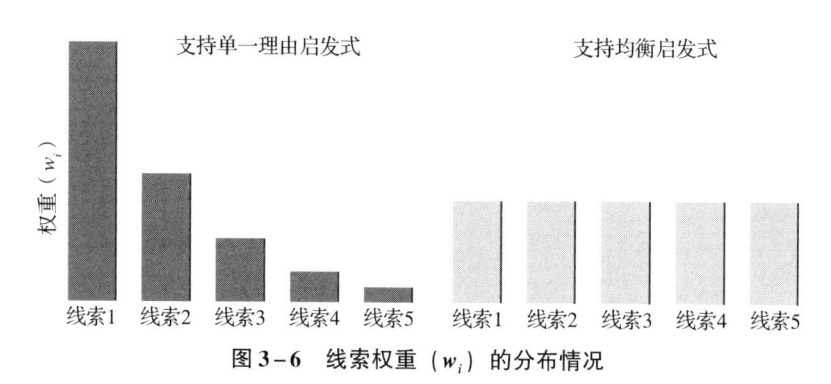

注：线索权重 (w_i) 的分布情况，以及单一理由启发式和均衡启发式在不同分布情况下分别表现出的生态理性。左图：支持单一理由启发式的占优线索情境。在该情境下，某些线索的权重远高于其他线索，使得依靠一个线索来做决策是合理的。右图：支持均衡启发式的均衡线索情境。在该情境下，所有线索的权重差异不大，因此综合考虑所有线索会更有效。文献来源：Gigerenzer et al.（2022）。

为 0 的差值推理启发式几乎完全依赖最有效的那个线索，表现却和线性回归模型相当的主要原因。相反，当线索之间相互独立时，均衡线索情境更可能成立。尽管线索权重完全相等的情况很少见，但由于环境的不稳定性、不确定性或数据不足等原因，当线索权重差异不大或难以估计时，采用均衡启发式仍然可能是一种生态理性的选择。

偏差-方差困境

请参看图 3-7。两位选手向靶盘投掷了飞镖，你觉得哪位选手表现得更好？大多数人会说是选手 A。然而，选手 A 显然存在偏差:飞镖都集中在靶心的右下方。相比之下,选手B则没有偏差,因为飞镖的平均位置在靶心上,但是飞镖分布得很散且离靶心较远。这个类比有助于解释为什么启发式会比更复杂的模型预测得更好,以及何时更好。

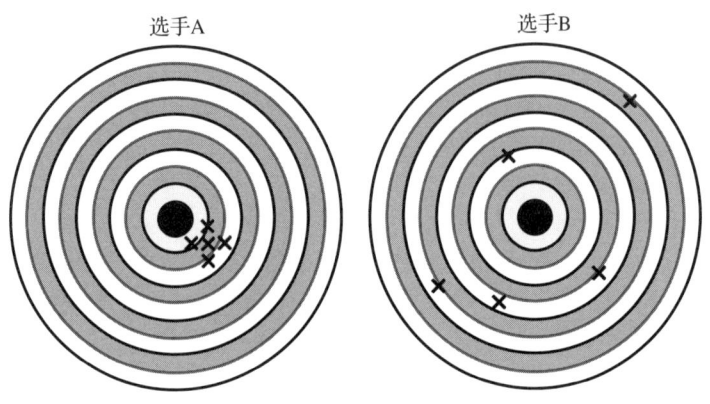

图 3-7 偏差-方差困境的飞镖盘示意图

注:展示了偏差-方差困境的飞镖盘示意图。选手A的飞镖显示明显的偏差,但其方差较小,因为飞镖都集中在靶心的右下方且彼此接近。换句话说,A的投掷结果虽然偏离目标,但其表现相对稳定。选手B的飞镖虽然没有偏差但方差较大,因为飞镖的平均位置在靶心上,但每支飞镖之间的距离都很远。也就是说,B虽然准确,但投掷结果不稳定。文献来源:Gigerenzer et al.(2022)。

一个模型的预测误差包括三个部分:

$$预测误差 = 偏差^2 + 方差 + \varepsilon$$

其中,偏差是指模型的平均预测值与真实值之间的系统性差异;方差则反映了模型对抽样误差的敏感性;ε是由随机噪声引起的不可消除的误差。[24] 例如,在预测产品销售额时,模型基于一个随机样本的观测值得出预测值 x_1，而基于另一个样本得出预测值 x_2，以此类推，基于样本 s 得出预测值 x_s。这些预测的平均值 $\bar{x}$ 与真实销售额 μ 之间的差异就是偏差，而这些预测值围绕 $\bar{x}$ 的波动则是方差。

在一个稳定且数据充足的世界中，我们可以找到一个偏差和方差都较小的模型。然而，在一个不确定的世界且观测样本有限的情况下，通常会出现偏差-方差困境：自由参数较少的模型往往具有较小的方差，但偏差较大；而自由参数较多的模型则与之相反，就像前文提到的两位飞镖选手之间的对比。一些启发式，如 $1/N$、单一巧妙线索和占优线索启发式等，要么不需要估计参数，要么只有一个或几个参数。因此，它们的方差通常较小，这使得它们的总体预测误差往往低于那些参数很多的复杂模型，比如多元回归和贝叶斯模型。启发式的这一优势在其偏差与复杂模型相同时（比如单一巧妙线索启发式在占优线索情境中）尤为明显。

生态理性与适应性工具箱密切相关：好的决策者既需要拥有一系列决策工具，也需要有能力选用适合具体任务的工具。在本书的下一部分，我们将从这一见解出发，更深入地探讨组织机构和领导者的适应性工具箱中都有什么启发式，以及这些启发式的生态理性。

4 招聘与解雇

在罗伯托·戈伊苏埃塔（Roberto Goizueta）任期结束时，可口可乐公司聘请了道格拉斯·伊维斯特（Douglas Ivester）来接任董事长兼首席执行官。在当时看来，这似乎是一个稳妥的决定：伊维斯特是戈伊苏埃塔培养的接班人，在担任公司首席财务官和二把手期间表现出色。[1] 然而，伊维斯特上任后不久，公司就发现自己犯了一个大错误：伊维斯特的首席执行官表现是灾难级的。虽然伊维斯特精通数字，喜欢有条不紊地以"理性"的方式做事，但他缺乏领导才能、政治手腕和人际交往能力。伊维斯特与可口可乐内部的权势人物以及主要瓶装商之间关系紧张，而这些瓶装商是公司生态系统的重要组成部分。他处理危机的能力很差，反应迟钝，且缺乏情商。在戈伊苏埃塔担任首席执行官的16年任期内，可口可乐的市值增长了三倍，而在伊维斯特在任期间，公司市值几乎没有增长，公司收益和股东权益回报率都在下降。掌舵不到三年，伊维斯特就被公司大股东们逼迫下台，虽然这并不妨碍他获得至少3000万美元的"黄金降落伞"离职补偿。[2]

伊维斯特的情况绝非特例。外部招聘和内部晋升的结果往往都不尽如人意；据估计，有50%的招聘都是失败的。尽管这些估计并不精确，但它们揭示了一个现实：招聘错误相当普遍，且如伊维斯特的案例所示，其代价可能极为高昂。错误的招聘决策带来的损失包括：

- 生产力下降
- 团队士气下降
- 解雇成本，如"黄金降落伞"补偿和非法解雇的法律费用
- 替换成本

这些损失的反面是招聘到合适人才带来的益处。员工——人力资本——是所有组织机构最根本的资源。员工可以做出战略决策（第5章）、推动创新（第6章）、谈判交易和解决冲突（第7章）、协作完成组织下达的任务（第8章）以及发挥领导作用（第9章）。招聘到优秀的员工是所有组织机构成功的关键。

此外，招聘决策的影响往往不仅限于企业和雇员，还会波及整个社会。例如，当出身优越的人可以凭借人脉关系进入知名企业并获得高薪工作，而背景普通的应聘者却无法获得这些机会时，就产生了社会不公。同样，女性的起薪低于男性，或者少数族裔在资历相同的情况下被贬低对待，也都是社会不公的表现。

因此，做出正确的招聘决策至关重要。组织机构采用各种方

法来识别优秀员工，避免用人失误。特斯拉 CEO（首席执行官）埃隆·马斯克在招聘时使用的单一巧妙线索启发式就是其中之一，这个我们在第 3 章中简要提到过。

马斯克的招聘启发式

组织机构在做招聘决策时通常采用"多即是好"的策略，要求应聘者提供大量信息，包括教育水平、学习成绩、推荐信、性格、智力测验分数和工作经验。[3] 然而，特斯拉 CEO 马斯克并未采取这种策略。[4] 据报道，在特斯拉还处于初创阶段时，马斯克亲自参与招聘，并使用了一个基于"非凡能力"的单一巧妙线索启发式：只有当他确信应聘者具有非凡的能力时，才会聘用他们。为了判断应聘者是否具有这种能力，他会问："请告诉我一些你曾经处理过的最棘手的问题，以及你是如何解决它们的。"其中的逻辑在于，解决复杂问题需要非凡的能力，而在马斯克深入追问细节的情况下，应聘者很难靠编造提出一个令人信服的回答。

马斯克的招聘方式既快速又简洁。快速是因为它省去了冗长的问卷、耗时的多轮面试和烦琐的人才评估过程；节俭是因为它仅依赖于单一线索。这种简洁性可以从图 4-1 中看出，该图将马斯克的启发式表示为一个简单的决策树。该决策树只有一层，分成两个分支，对应马斯克使用的单一线索，即非凡能力。

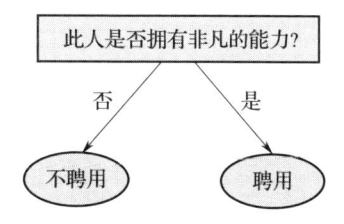

图 4-1　马斯克的单一巧妙线索启发式决策树

注：马斯克的单一巧妙线索启发式，用一个只有一个层级和两个分支的简单决策树表示。如果应聘者提供了其具有非凡能力的证据，就聘用；否则，不聘用。

马斯克的单一巧妙线索启发式何时奏效

尽管马斯克的启发式既快速又简洁，但它真的有效吗？或更确切地说，它在什么情境下会奏效？本书第 3 章指出，在占优线索情境下，单一巧妙线索启发式表现尤为出色，而实现这一点的关键因素是不同线索之间的冗余，在这里指非凡能力通常与其他能预测未来工作表现的线索相关，如恒心、勤奋、智力测验分数、工作样本和经验等。[5] 这种冗余性意味着，单单使用非凡能力这一个线索就可以做出好的预测，因为它在很大程度上涵盖了其他线索的信息。因此，基于非凡能力证据做出的聘用决定不仅快速简洁，而且确实有效。

是否还有其他因素会影响单一巧妙线索启发式的生态理性？首先，这种启发式只有在工作确实需要非凡能力（及其相关能力）时才有效。在马斯克创办特斯拉之初，公司面临巨大挑战，此时非凡的个人能力至关重要。然而，随着特斯拉的发展，根据工作岗位的不同，需要更多不同类型的员工。继续依赖非凡能力可能会设置过高的招聘标准，从而筛选掉许多更适合常规工作的"普通"应聘者。此外，由于该启发式没有考虑应聘者的社交能力，可能会导致聘用能力非凡但团队合作差，甚至有"毒性"的员工。

其次，马斯克的启发式要想奏效，关键在于准确评估非凡能力。如果一个线索不能被准确评估，那么它对未来工作表现的预测能力就会降低。马斯克通过提出具体且深入的问题来解决这个问题。这样做，一方面减少了应聘者在回答问题时弄虚作假的可能性，另一方面也降低了评估受到应聘者性别、种族或年龄等人口学变量影响的可能性，从而避免歧视。

贝索斯的快速节俭招聘树

与马斯克一样，亚马逊的创始人兼 CEO 杰夫·贝索斯（Jeff Bezos）在过去还亲自参与招聘时，也要求应聘者具备非凡的能力。[6] 此外，他还看重另外两个特质：钦佩感和有效性。具体而言，贝索斯首先评估应聘者是否具备非凡能力，如果不具备，则不录用。对于具备非凡能力的应聘者，他会考虑第二个问题：我是否钦佩这个人？如果不钦佩，同样不录用。因为贝索斯相信，与受人钦佩的同事共事，能让自己不断学习和成长。最后，他会衡量这个人的加入能否提高团队的平均效能，确保公司绩效稳步提高。只有这三个问题都得到肯定回答，应聘者才会被录用。

贝索斯的启发式比马斯克的更为复杂。如图 4-2 所示，贝索斯的方法可以用一个三层的快速节俭树来表示。从图中可以看出，贝索斯的招聘策略是"非补偿性的"。也就是说，他每次只考虑一个线索，而树中的低层级线索不能弥补高层级线索的不足。例如，即使贝索斯认为某位应聘者能够显著提升团队绩效，但这也无法弥补应聘者在非凡能力或钦佩感特质上的缺失，因为这些缺点足以让贝索斯在之前就做出不聘用的决定。

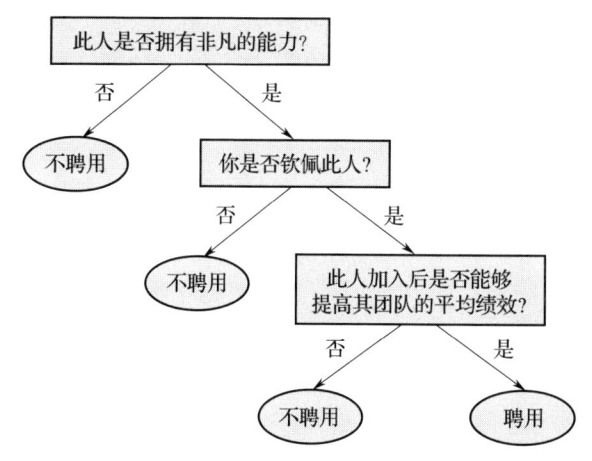

图 4-2　贝索斯的快速节俭招聘树

注：贝索斯的招聘启发式可以用一个三层的快速节俭树来表示。从非凡能力开始，一次只考虑一个线索，而且低层级线索上的肯定回答不能弥补高层级线索上的否定回答。

图 4-1 和 4-2 展示了启发式决策模型的一个重要特征：一个启发式可以作为另一个启发式的构建模块。在下一节中，我们将介绍如何设计快速节俭树，使其在拒绝合格候选人和接受不合格候选人的两个决策错误之间达到理想的平衡。

灵活的快速节俭树

正如我们在第3章中所看到的,快速节俭树与许多启发式一样,有三条规则:搜索规则、停止规则和决策规则。在贝索斯的例子中,搜索规则是按顺序搜索三条线索,首先是非凡能力,然后是钦佩感,最后是绩效贡献。停止和决策规则是:只要有一条线索导向"不聘用"决定,就停止搜索并拒绝该应聘者;只有在所有三条线索都是肯定的情况下,才会录用该应聘者。

贝索斯的决策树只是使用这三条线索的几种可能的快速节俭树之一。事实上,给定三条线索,使用相同的线索顺序,可以构建四个不同的树;如果允许线索顺序变化,还可以构建更多的树,这体现了快速节俭树的灵活性。图4-3展示了这四个可能的快速节俭树。

左上角的决策树代表贝索斯的招聘策略。这个树是最保守的,因为它需要三个线索都是肯定的,才会做出聘用决定。通过设定如此高的标准,这个树减少了假阳性,即录用不适合该职位的应聘者的错误。与此同时,这个树也增加了假阴性,即未录用那些本适合该职位的应聘者的错误。相比之下,右下角的决策树是最宽松的,因为只要三个线索中有任何一个是肯定的,它就会做出录用决定。因此,这个树减少了假阴性,但增加了假阳性。图4-3中间的两个决策树则在假阳性和假阴性之间达到了平衡。

最小化假阳性　　　　　　　　　　　　　　　最小化假阴性

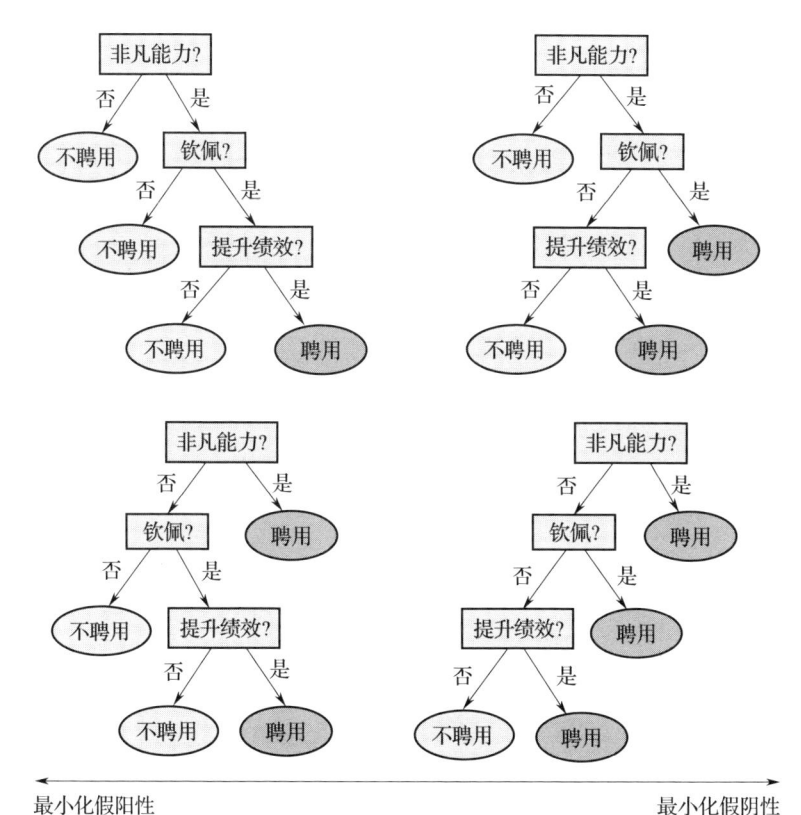

图 4-3　基于三条线索的四个招聘快速节俭树

注：基于三条线索的四个用于招聘的快速节俭决策树。左上角的树代表了贝索斯的招聘策略，如图 4-2 所示。这个树最小化了假阳性（即录用不适合的应聘者的错误）。与此相反，右下角的树最小化了假阴性（即未录用适合的应聘者的错误）。中间的两个决策树在这两种潜在错误之间达到了平衡。本图基于 Gigerenzer 等人（2022）的研究。

假阳性和假阴性的概念来源于信号检测理论，之后被广泛应用于分类决策中，例如决定是否雇用某人，或者在阳性结果后判断某人是否生病。这两个概念展现了一个重要洞见：启发式本身并无好坏之分,关键在于它是否适配于任务环境,包括决策者的目标。如果一个组织机构想减少假阳性,则应该使用更保守的快速节俭树;如果想减少假阴性,则应该使用更宽松的树。同时,环境背景也至关重要:在难以解雇员工的法律和文化环境中,避免假阳性更重要,而在员工流动频繁的环境中,避免假阴性更重要。

多重关卡筛选法

快速节俭树也可用于设计多重关卡筛选程序,即在每个步骤("关卡")筛掉一部分应聘者,最后只录用那些通过所有关卡的人。[7]例如,第一步,根据应聘者提交的材料进行筛选;第二步,进行标准化测试;第三步,让评估中心考核;最后一步,举行面试。这类筛选程序可以建模为图 4-3 左上角的决策树(但使用不同线索),只录用通过所有关卡的应聘者。正如我们所见,这种方法较为保守:它减少了假阳性,但也可能错过适合该职位的应聘者(假阴性)。

多重关卡筛选法的过程是非补偿性的,也就是说,即使应聘者在后续关卡中表现出色,也无法弥补其在前期关卡中的不足。与全面评估所有应聘者相比,这种方法节省了大量的时间和资源。在应聘者众多,且前期关卡成本低、易于实施的情况下,多重关卡筛选程序具有较高的生态理性,能够让组织机构快速、低成本地缩小应聘者范围。

用差值推理启发式在应聘者中二选一

马斯克和贝索斯的启发式主要用于评估单个应聘者,但在某些情况下,企业需要确定两名应聘者中谁更合适;为此,他们可以使用差值推理启发式。我们在第 3 章提过,在两个选项之间做出选择时,差值推理启发式会按照线索的有效性顺序进行搜索,当第一个线索能够区分两个选项时就停止搜索。例如,在招聘中,企业可能会依次使用以下三个线索:应聘者的智力水平、尽责性和结构化面试评分。这三个线索通常被认为是预测未来工作表现的优秀指标。[8] 如果两个应聘者在智力上的差异达到预设的阈值 delta(即 > delta),则录用那个智力较高的应聘者;如果差异在阈值以内(即 ≤ delta),则再考虑两个应聘者的尽责性,以此类推。

假设管理者使用差值推理完成一系列的二选一任务(即在两名应聘者中挑选出更优秀的那位),我们在一家航空公司录用的 236 名应聘者的真实数据中,考察了差值推理的表现。每位应聘者都有前面提到的三条线索上的测评数据;此外,由于所有应聘者都已被录用,我们还知道他们三个月后由上司评定的工作表现。[9] 总共有 50334 对表现不同的应聘者。从这些应聘者对中,我们随机抽取小、中和大样本,以模拟学习机会稀少、适中和充足的情况,并在每个情况下估计了差值推理的参数(即线索的顺序和每条线索上的差值),以评估它的预测准确性。然后,我们比较了差值推理与逻辑回归的准确性,后者是一种总是使用所有三条线索来做出决策的常用模型。

图4-4显示,管理者使用差值推理比使用逻辑回归有更大的概率选出更优秀的应聘者。这种"少即是多"的效果在三种学习条件下都适用,尤其在学习机会稀少时更为明显。更重要的是,差值推理还能帮助管理者做出更"节俭"的决策,因为它平均每次决策只使用不到一半的线索。这不仅展示了差值推理的实用性,还再次表明,在不确定性条件下,所谓的"速度-准确性""努力-准确性""透明性-准确性"权衡并不总是成立的(见第2章):依赖差值推理启发式,管理者可以更快、更节俭、更透明地做出决策,同时提高准确性。

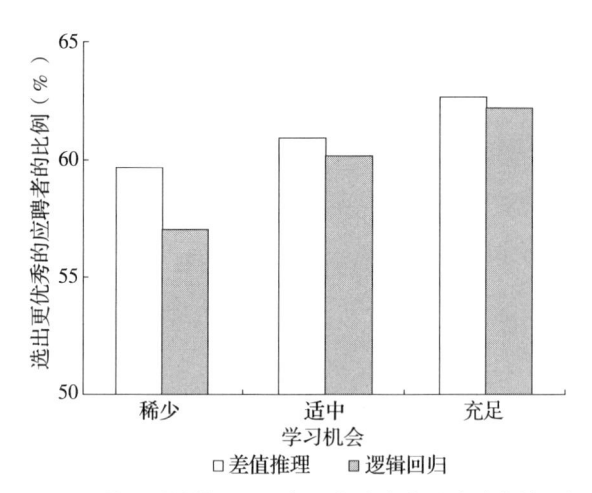

图4-4 使用差值推理和逻辑回归选出优秀应聘者的比例

注:单一理由决策(差值推理)比多理由决策(逻辑回归)有更大的概率选出更优秀的应聘者。无论学习机会稀少、适中还是充足(随机样本大小分别为30、100和1000),这一优势都保持不变。基于Luan、Reb和Gigerenzer(2019)的研究。

如图 4-4 所示，随着学习机会的增加，决策表现有所提升。然而，即使学习机会充足并使用差值推理，管理者也只能在 63% 的情况下选出表现更好的应聘者。预测应聘者的未来表现非常困难，尽管依靠智能启发式，错误仍然普遍存在。[10]

在确认了差值推理的有效性之后，我们进一步探讨了管理者是否真正使用这种方法进行决策，以及他们是否能够灵活运用它。为此，我们招募了有不同经验水平的人力资源经理和商学院学生参与实验，任务包括招聘前台接待员和数据分析师。如图 4-5 所示，无论经验较少还是经验丰富的被试，都较普遍地使用差值推理，虽然经验丰富的被试使用得更为频繁。适应性的一个标志是：当一条线索被认为远比其他线索重要时（即第 3 章中介绍的占优线索情境），差值推理的使用频率就应该增加。经验丰富的决策者对这种生态理性的理解尤为深刻。因此，与其他领域的研究结果一致，[11]本实验中更有经验的被试不仅倾向于使用差值推理启发式，而且能更灵活地运用它。

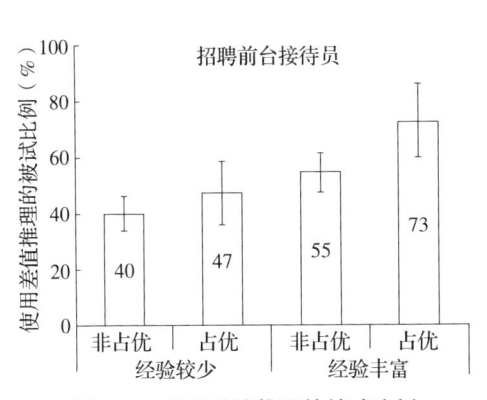

图 4-5 使用差值推理的被试比例

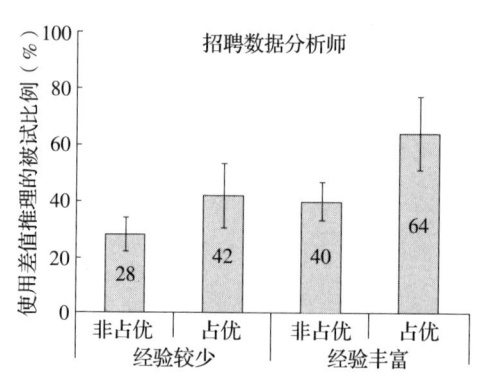

图 4-5　使用差值推理的被试比例（续）

注：在决策过程中，经验丰富的决策者比那些经验较少的更倾向于使用单一理由启发式（差值推理），他们也更可能在生态理性情境下（即占优线索情境）使用这个决策方法。在汇报的这个研究中，被试根据三条线索比较两名应聘者，并选出他们愿意录用的那个。那些曾在现实工作中做出过四次以上（即超过中位数）人事决策的被试被归类为"经验丰富"。此外，被试还对三条线索进行了重要性评分。在"占优"条件下，最重要线索的评分大于其他两条线索评分的总和。误差条表示标准误差。数据源自 Luan 等人（2019）的研究。

招聘中的社会启发式

组织机构通常依赖诸如模仿和口碑等社会启发式来识别合适的应聘者。例如，《财富》500 强企业在招聘高管时，往往会从那些之前向其他 500 强企业输送过大量高管的公司中招聘。[12] 这种"模仿多数人"启发式的好处在于，它减少了高层管理人员招聘中的不确定性，同时加快了招聘速度。

在口碑启发式中，企业依靠员工推荐合适的候选人来填补职位空缺。有证据表明，这种推荐招聘方式确实有效。例如，对德国慕尼黑大都会地区 20 年的劳动和社会保障记录分析发现，通过推荐方式聘用的员工更能满足企业的需求，离职率也较低。[13] 口碑启发式帮助公司获得通常难以获取的信息，从而减少劳动市场中的信息不对称。在另一项研究中，当员工因被推荐人的优秀表现而获得奖励时，他们通常会推荐更高质量的应聘者，同时，高能力员工推荐的人选能力也更强。[14] 然而，企业在使用口碑招聘启发式时，也需警惕其可能带来的负面影响。例如，在第 3 章中提到的韩国老板的案例中，尽管美国第七巡回上诉法院裁定其使用口碑启发式招聘并非歧视行为，而是成本最低、最有效的招聘方式，[15] 但这种做法仍可能降低员工的多样性，且存在歧视的风险。这表明，与任何算法一样，每一种启发式都有其局限性，需要谨慎使用。

透明决策减少歧视

关于歧视的担忧并不仅限于推荐招聘，也适用于在招聘中使用的 AI 算法。正如美国平等就业机会委员会（EEOC）主席夏洛特·伯罗斯（Charlotte Burrows）发出的警告："新技术不应成为新的歧视方式。"[16] 为了凸显这一担忧，2022 年 5 月 12 日，美国司法部和平等就业机会委员会联合发布警告，指出组织机构在招聘中使用 AI 算法可能导致对残疾人的歧视，违反《美国残疾人法案》。

在 EEOC 当天发布的技术支持文件中，列举了一些 AI 可能歧视残疾人的例子。例如，组织机构越来越多地使用 AI 聊天机器人与应聘者互动，而这些聊天机器人的算法可能会自动拒绝那些工作经历中有较长空白期的应聘者。然而，这个空白期可能是由于残疾（如治疗需要）所致，在这种情况下，拒绝就是一个歧视性决策。EEOC指出，即使雇主和软件供应商声称他们的决策算法"无偏见"，不会因应聘者的种族、性别、民族、肤色或宗教而对他们进行差别对待，歧视仍可能发生。[17]

更糟糕的是，组织机构在招聘、晋升、解雇等人事决策中越来越依赖AI算法，但这些算法往往缺乏透明性，导致难以判断每个决策是否公平，或是否存在歧视。对组织机构来说，这或许是一种规避责任的便捷方式，但对应聘者而言，这却是不公正的。智能启发式则能让组织机构做出既准确又公平的决策。与更复杂的流程（包括AI）相比，智能启发式的最大优势在于其简单性能够提高决策透明度，而透明度有助于提升公正性，因为一个透明的不公正决策过程更容易引发批评和抵制。因此，尽管并非所有启发式从一开始就是公正的，但它们能够使问题的来源和严重程度更容易被发现，从而帮助组织机构及时采取对策并不断改进。

举个例子：如果一位管理者奉行"只聘用男性（或女性）"的简单招聘法则，这在大多数工作中都会被视为明显的歧视行为。然而，适应性工具箱的一个优势在于，它包含了许多为特定目的设计的启发式。例如，如果一家公司希望通过雇用更多的少数群体成员来营造一个更多元化的工作环境，可以考虑使用1/N启发式的变体。[18] 换句话说，公司可以设置一定的比例或配额，确保新员工来自不同群体，并在每个群体中挑选出最优秀的应聘者。这类配额制度在越来越多的公司中得到应用。批评者认为,在这种制度下,最胜任岗位的应聘者不一定总能被录用。但这个批评忽略了一个关键点:配额制的目标不仅仅是聘用最优秀的人,而是试图平衡两个目标:既要聘用合适的人,又要增加人员的多样性。

面试官越多越好吗

按照"多即是好"的传统观点,你可能会认为面试官越多,招聘决策就越准确。通常,管理者们在评估面试者时会独立投票,并采用多数原则决定录用谁。然而,在这种情境下,如果由过往表现最好的面试官进行首次面试,那么增加第二位面试官也绝不会提高招聘的准确性。[19]

以某公司需要从众多应聘者中选出前十名为例。假设最佳面试官的命中率为80%,也就是说,他能从人才库中正确识别出十名合格候选人中的八名,但会漏掉两名(如图4-6顶部所示)。此时,如果增加第二位命中率为60%的面试官(如图4-6中间所示),并采用多数原则进行投票,那么集体命中率将下降为70%。如图4-6底部所示,将两位面试官的票数相加后,四名候选人获得两票,他们都是合格的候选人。从其余12名各得一票的候选人中,随机选出六人,预期其中三人为合格候选人。因此,使用两位面试官进行决策预期有4+3=7次的正确识别,比最佳面试官单独决策时少一次。

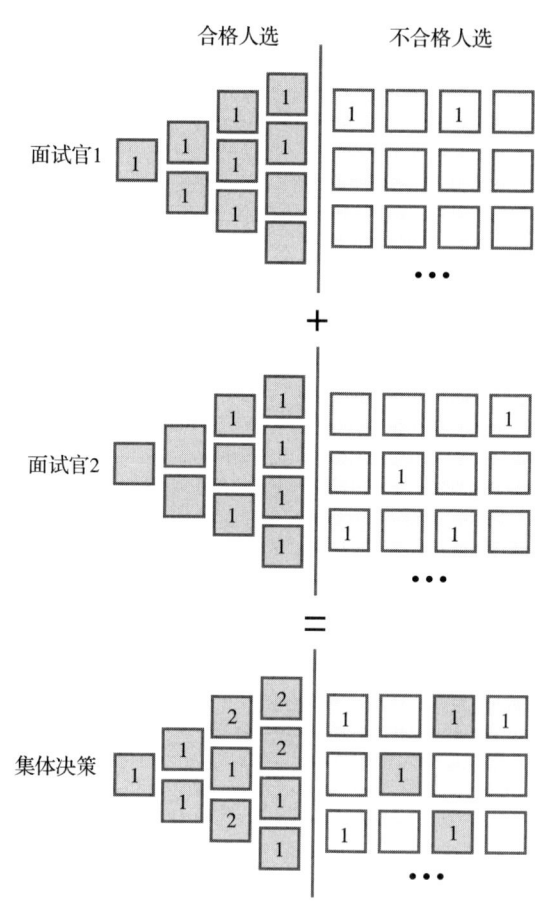

图 4-6 面试示例

注：一个面试官可以比两个更好。面试官一的命中率为 80%，也就是说，在众多应聘者中，面试官一能正确识别前十名应聘者（即合格人选）中的八名，而面试官二的命中率为 60%。即使面试官二能识别出面试官一所遗漏的其余两名候选人，他们的集体决策（采用多数原则）预期命中率也只有 70%，这比面试官一单独决策的结果更差。每个方框代表一名应聘者，左侧的深灰色代表前十名应聘者，数字代表每位应聘者的得票数。在票数相同的情况下，随机选择应聘者，如虚线方框所示。数据基于 Fifić 和 Gigerenzer（2014）的研究。

有时，可能需要增加六名甚至更多的面试官（其命中率介于最佳面试官的 50%～100% 之间）才能超越最佳面试官单独决策的效果；这是"少即是多"现象的又一体现。在"独立投票和多数原则"的条件下，增加第二个面试官通常不仅无法改善决策，反而会让决策变得更差。对企业而言，这意味着要将精力用于培养优秀的面试官，而不是依赖一群能力较弱的人的集体决策。这类似于依赖一个关键线索比依赖多个线索更有效的情况，正如占优线索情境和偏差-方差困境所证明的那样。

专家级面试官之所以更擅长识别优秀人才，一个重要原因在于他们通常会使用结构化面试。在结构化面试中，所有应聘者都会被询问相同的问题，就像马斯克考察所有应聘者的非凡能力一样，这大大提高了评估线索的一致性。这些线索随后可以通过遵循明确且一致的搜索、停止和决策规则的智能启发式进行处理。结构化面试的有效性在所有选拔方法中名列前茅，远远高于可靠性差的非结构化面试。[20]

招聘决策"去偏差"

招聘经理"顽固依赖"直觉判断被指责为导致招聘决策失误的一大原因。[21] 根据这种说法，如果从业人员使用分析式判断而非直觉判断，他们就可以避免招聘偏差，做出更好的决策。于是，一些组织开始致力于对招聘决策和绩效评估进行"去偏差"处理。

例如，谷歌启动了"去偏差计划"（Project Unbias）以减少无意识决策偏差。[22] 该项目提供了许多有用的工具，如用于面试和绩效评估的考核表。考核表很有用，因为它将人的注意力引导到最重要的线索上。考核表可以与一些顺序启发式（如快速节俭树）有效结合，按重要性或有效性顺序使用不同的线索。

遗憾的是，这类项目仍然主要基于一个错误观念，即将决策偏差归咎于系统 1（直觉思维），认为只要让决策者使用更多信息并运用系统 2（分析思维）来处理这些信息，问题就能迎刃而解。[23] 该观念忽略了一个重要事实：招聘决策是在不确定性情境下做出的。如我们之前所见，在不确定性情境下，启发式可以帮助组织机构完成一项极具挑战性的任务：预测应聘者的未来表现。招聘决策（以及更广泛意义上的人事决策）的核心问题不在于使用启发式，而在于未能系统地研究面试官和评估线索的质量，并基于这些信息设计出符合生态理性的招聘（以及解雇）启发式。管理者常常依赖启发式，却没有充分调查和了解些启发式会在什么条件下有效，以及为什么有效。复杂的定量模型在不确定性情境下往往过于脆弱，未必能改善招聘决策。而智能启发式则凭借其简单性、准确性和透明性，为我们提供了更有效的解决方案。

需要注意的是，问题不仅仅在于招聘决策者的思维，还在于组织机构缺乏系统性的学习。试想这个招聘悖论：企业在招聘上投入了大量资金和时间，却很少投入资源评估招聘程序的有效性。[24] 这着实令人费解，尤其是在招聘失败频繁发生的情况下。

如果企业能够系统地评估其招聘流程的有效性，就可以改进其招聘启发式工具箱，最终聘用更多合格的应聘者，淘汰更多不合格的应聘者。

绩效管理中的智能启发式

现在让我们来看另一类人事决策：绩效管理，尤其是员工的晋升和解雇。

用快速节俭树决定员工该晋升还是被解雇

员工是否应该获得奖金？得到晋升？抑或是被解雇？这些决策都是组织机构绩效管理的一部分。智能启发式能否在这些决策中发挥作用？为了回答这个问题，我们检验了基于加权求和、补偿性的逻辑回归和基于字典排序法、非补偿性的快速节俭树这两种算法，看哪一种更符合关于晋升或解雇决策的心理模型。[25] 我们向决策者提供了员工的绩效档案，档案展示了每位员工在三个与绩效相关的线索上的表现：过去半年的平均绩效、绩效波动（即随时间发生的随机、非系统性变化）以及绩效趋势（即随时间发生的系统性变化，如上升或下降趋势）。

我们发现，快速节俭树被管理者广泛使用，尤其是经验丰富的管理者，他们中有 2/3 使用快速节俭树来做决策。大多数被试还能根据奖励或解聘比例，灵活调整快速节俭树的关键特征（如决策出口的结构），这与生态理性原则是一致的。

末位淘汰制

在我们的研究中，我们要求被试按照一定比例解雇或奖励员工。我们的方法借鉴了所谓的强制分配与末位淘汰制（stack ranking）绩效管理系统。该系统也被称为"排名与淘汰制"（rank and yank），在通用电气公司（GE）首席执行官杰克·韦尔奇（Jack Welch）引入"20/70/10分配"法则后声名鹊起/狼藉。根据这一法则，排名前20%的员工将获得奖励，而排名后10%的员工则会被解雇。[26] 这种简单法则旨在奖励表现优异者，淘汰表现不佳者。在韦尔奇接管GE时，该法则在公司中取得了显著成效，因为当时公司确实存在大量闲散人员。

然而，这种排名与淘汰制在不同企业中的效果和反应差异很大。[27] 对其批评是可以预见的：如此简单的法则，如何能公正地对待每个员工的具体情况和独特性呢？实际上，这类批评忽略了一个事实：在不确定性情境下，没有任何决策策略是无误的；而且，实施一个更模糊的绩效管理制度（即不明确规定谁该得到奖励、谁该受到惩罚）也有其弊端。与所有启发式一样，排名与淘汰制仅适用于特定目标（如精简组织人员）和特定情况（如存在大量闲散人员）。一旦目标达成或情况发生变化，继续进行排名和淘汰将迫使管理者解雇有能力的员工，从而降低公司的运作效率。这或许可以解释为何这一启发式在微软公司应用时表现不佳，甚至可能在21世纪初对微软的衰退做了一定"贡献"。

未来展望

尽管启发式在人事决策中得到广泛应用，但很少有研究从生态理性的角度对其进行探讨。相反，大多数研究将启发式与决策偏差联系在一起，主张应通过系统2（分析思维）而非系统1（直觉思维）来做决策，即便目前还缺乏支持这一二元对立系统的证据。[28] 我们希望能改变这个观点。为了在不确定性条件下做出明智决策，人们需要同时依靠直觉和分析法。智能启发式提供了一种将这两者有效结合的方法，从而让人事决策变得更加透明、一致、公平和有效。

5 策　略

孙正义是 2021 年日本最富有的人，也是世界上最成功的风险投资者之一。孙正义出生在日本，父母是贫穷的韩国移民。他创立了软银（SoftBank）集团，该集团投资了包括雅虎、阿里巴巴、优步和 ARM 控股等企业。这些投资非常成功，一度使软银成为日本第二大上市公司（仅次于丰田）。为了扩大他的投资组合，并进一步提高全球竞争力，孙正义筹集了 1000 亿美元，在 2017 年创立了当时世界上最大的投资基金：愿景基金。尽管他的一些投资曾遭遇惨败（例如 WeWork），但孙正义似乎总能比其他人更早预见未来，投资于那些极有可能获得高利润的公司。他的成功源自何处？

在新市场复制成功的商业模式

软银在 2000 年的年度报告中透露了关键信息。报告中题为"战略"的部分提到，软银正在实施一个"时间机器管理战略"，该战略"在全球范围内孵化其在美国的风险投资业务中找到的卓越商业模式。"[1] 对软银投资模式的分析显示,这一战略的运作方式大体如下:孙正义认为,基于先进技术的商业模式,如电子商务、社交媒体和共享出行服务,在世界不同地区处于不同的发展阶段。通常,一个具有影响力的模式首先在美国获得成功,然后传播到日本和韩国等其他发达国家,最终在中国和印度等国家蓬勃发展。为了从这些发展"时差"中获益,软银基于其在美国的市场分析,选择有潜力的商业模式,然后在其他国家孵化类似模式的公司。这一过程就像乘坐时间机器从美国到这些国家,重新见证一个商业模式的崛起。

例如,在解释软银为何投资雅虎日本时,孙正义曾表示:"在日本互联网发展的早期,许多人认为日本人和美国人不同,还列举了十个理由说明为何互联网在日本无法兴起。我认为这些理由都不对,问题只是时间滞后而已。当然,日本互联网最终发展得很好。"[2] 雅虎日本模仿了雅虎的模式,是一个引导流量的门户网站,并提供新闻、拍卖和金融等多种服务。它已经连续多年成为日本访问量最大的网站,还是日本境内仅次于谷歌的第二大搜索引擎。软银在中国对阿里巴巴的投资,同样模仿了美国亚马逊的模式,也取得了巨大成功。"模仿"是时间机器管理策略的核心。

时间机器启发式:模仿在美国成功的商业模式,并将其复制到其他市场。

该策略不仅对软银有效，对许多其他信息技术（IT）公司也同样奏效。其中一个最臭名昭著的例子是 Rocket Internet，一家由三位德国兄弟——马克、亚历山大和奥利弗·萨姆沃尔（Marc, Alexander, and Oliver Samwer）创立的公司。1998 年在硅谷实习时，他们目睹了 eBay 日益增长的人气，于是决定在德国建立一个类似的在线拍卖网站。他们的网站 Alando 几乎完全复制了 eBay 的模式，甚至连标志的配色都一样。Alando 一上线便取得了巨大成功，在第一个月就获得了超过 300 万次页面浏览量。三兄弟很快将网站以 4300 万美元的价格卖给了 eBay。尝到成功的甜头后，他们继续模仿其他在美国成功的互联网公司，如 YouTube 和脸书（Facebook），在这些美国公司尚未进入的市场中设立克隆版，并将其卖回给这些公司以获取巨额利润。

萨姆沃尔三兄弟的商业策略无疑取得了成功，但它也遭到以创新为主导的创业公司群体的诸多批评。在接受《连线》杂志采访时，三兄弟坚称，他们的时间机器启发式看似简单，但要让其奏效，必须精心执行。[3] 要在新市场发展模仿的商业模式，必须赶在其他人之前迅速行动，在初期投入大量资金使业务运转起来，并根据当地的文化和法规进行调整。事实上，这些都是时间机器启发式能够成功的关键条件。如果进入市场的时间较晚，且没有足够的资本支持和对新市场的深入了解，公司必将陷入困境。

时间机器启发式是一种用于做出商业战略决策的工具。战略决策是一个组织机构对如何分配其有限资源以达到长期目标（例如利润和市场增长）的决策过程。企业可以通过制订一个"X 年计划"，详尽覆盖每一个小目标和行动，以期优化对资源的利用。相比于此，我们认为经验丰富的管理者和成功的公司更依赖于启发式工具箱来制定战略规划和决策。在充满波动、不确定、复杂和模糊（VUCA）的世界中，这些启发式工具能够有效应对快速变化的环境，并帮助组织迅速达到目标。模仿是战略工具箱中的一个重要启发式。

通过模仿加速经济发展

在建国初期，美国基本上是一个落后的农业国，几乎没有制造能力。当时，世界上最繁荣的行业是棉花和纺织业，它使得英国成为经济超级大国，而最具创新性的技术则是水力纺织厂和织布机。美国的开国元勋之一亚历山大·汉密尔顿（Alexander Hamilton，著名的百老汇音乐剧《汉密尔顿》就是以他命名）决定效仿英国的工业化道路，并游说国会通过了"1793 年专利法"。该法案鼓励有学识的外国人将他们的技能和发明带到美国，并给予他们丰厚的奖励。汉密尔顿认为，这是国家实现工业化最有效且最现实的手段，因为在国内培育创新不但速度缓慢，而且风险大。来自英国的有志企业家迅速响应，其中就包括曾在英国纺织厂工作的塞缪尔·斯莱特（Samuel Slater）。斯莱特将先进的梳棉机和纺纱机的知识带到新大陆，在罗得岛建立了工厂，并成为当时美国最富有的人之一（见图 5-1）。因此，斯莱特通常被誉为美国工业革命之父。

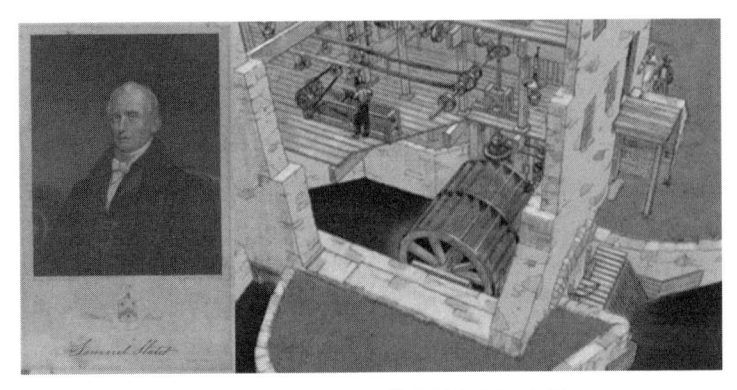

图 5-1 斯莱特和斯莱特纺织厂示意图

注：塞缪尔·斯莱特（在英国被贬称为"叛徒斯莱特"）和斯莱特纺织厂的示意图，这是美国第一家水力纺织厂。来源：https://www.nps.gov/blrv/learn/historyculture/slatermill.htm.

英国政府对技术和技术工人流失到新大陆的情况无比愤怒。出于反击，他们禁止本地人才离开英国，并禁止出口所有先进的机器，对违规者处以严厉的惩罚。然而，一位聪明的美国人弗朗西斯·洛威尔（Francis Lowell）巧妙地绕过了这些严格的控制。他利用自己过目不忘的能力，在参观英国工厂时记住了织机的设计细节，并在一位钟表匠的帮助下，将这些机器在美国重新制造出来。洛威尔与波士顿的商业伙伴合作，在马萨诸塞州建立了一个新城镇，并在那里建造了几家工厂。这个镇后来以这位英国纺织技术"大盗"的名字命名。

盗版与善意模仿之间的界限往往模糊不清。有人可能会将斯莱特、洛威尔以及他们同时代许多人的行为视为盗版,并鄙视他们。然而,我们应如何评价美国政府的行为呢?是谴责它,还是应该赞扬它的大胆和战略眼光?在现代史上,类似的政府授权的盗版或大规模复制行为屡见不鲜。英国通过从中国走私茶树到印度,并偷偷学习茶叶生产技术,成功消除了与清朝在茶叶贸易上的巨额贸易逆差;日本在第二次世界大战后购买了大量外国专利,并仿制西方市场上的畅销产品,迅速崛起为电子行业强国。

无论是水力纺织厂、吸尘器还是商品交易平台,创新的传播都离不开模仿。通过模仿,一个国家或公司可以从他人的创造中获益,而不必承担独自发明全新产品的风险。然而,要想取得成功,甚至超越原发明者,模仿者往往需要在模仿方式上有所创新。

创新性模仿

西奥多·莱维特(Theodore Levitt),"全球化"一词的提出者,在 1966 年发表于《哈佛商业评论》上的文章《创新性模仿》中写道:"任何一家公司,无论其决心、精力、想象力或资源如何,都没有足够的规模或财力,去完成本行业所有的开创性工作,也无法在所有创新方面总是领先于竞争对手。"[4]因此,企业不应因模仿他人而感到羞耻或惭愧。明智的做法是,接受自身创新能力的局限性,并在创新与模仿之间取得良好平衡。

例如,在谷歌早期,创始人谢尔盖·布林(Sergey Brin)和拉里·佩奇(Larry Page)知道他们拥有全球最好的搜索引擎,但他们不愿通过广告来盈利。在投资者的压力下,他们最终妥协了。当他们寻找收入来源时,发现竞争对手 GoTo.com 通过在搜索结果的显著位置投放付费广告,并按实际点击量收费,赚取了丰厚的利润。布林和佩奇并没有选择创建一个新的模式,而是决定采用这种按点击收费的广告模式。然而,他们在其基础上进行了改进,添加了一些新元素和功能,比如为每个广告设定质量评分以防止垃圾广告,以及采取了更高效的竞价系统。这个产品被称为 AdWords,一经推出就为谷歌带来滚滚财源。[5]

iPhone 的巨大成功是另一个创新模仿的经典例子。在 2007 年第一代 iPhone 发布并成为最畅销的智能手机之前,黑莓(Blackberry)手机是市场上毫无争议的先驱和领导者。黑莓手机可以接收和发送电子邮件,浏览互联网,并有其他基于网络的简单功能。相较于旧式的、不太智能的手机,这些功能是重大突破,对商务客户具有巨大吸引力。黑莓手机的成功让史蒂夫·乔布斯(Steve Jobs)深受启发,但他不满意黑莓手机的许多设计(如使用手写笔作为输入设备)和有限的功能。于是,他在苹果公司内组织了一个团队,秘密研发一款功能更强大、更人性化、适合更多消费者的新型智能手机。凭借苹果公司的雄厚技术储备和乔布斯的完美主义追求,iPhone 具有许多创新功能,迅速将黑莓手机挤出了市场。

有趣的是,iPhone 随后成为其他公司模仿的目标,催生了多家模仿其外观的手机公司。其中一些公司成功吸引了大批忠实用户,在竞争激烈但规模巨大的智能手机市场上获得了丰厚利润。

5　策　略

市场后来者

像小米这样的公司是进入由其他公司开创的市场的后来者。尽管先行者们享有一定的优势,比如产品设计的先发制人和更强的品牌认同,但这并不意味着它们能永远主导市场。一项对50类产品的研究发现,先行者仅在约30%的类别中比后来者更为成功。[6] 例如,吉普是首个大规模生产现代运动型多用途车(SUV)的汽车制造商。然而,在20世纪90年代,美国环境保护署放宽了对客车排放的规定后,美国境内对SUV的需求激增。几乎所有其他汽车制造商(包括外国制造商)都迅速推出了自己的SUV车型。2021年,吉普的两款车型Grand Cherokee和Wrangler在美国市场依然畅销,但销量被丰田、福特等其他厂商的SUV超越。[7]

要取得成功,一家公司不一定要成为最具创新性、力图抢占先机的那个。做一个模仿其他公司的市场后来者同样有效,关键是把握时机。

后来者启发式:密切关注其他公司的创新产品,并尽快模仿。

莱维特称这个启发式为"二手苹果策略":"想吃苹果不一定要咬第一口,第二口或第三口也很鲜美,只要别等到只剩下苹果核。"[8] 据这一策略,公司观察市场对其他公司新产品的反应(第一口)。如果反应不好(烂苹果),则没有模仿的必要;如果反应良好(好苹果),公司就应迅速行动,从中分一杯羹。

根据企业战略专家文卡特什·尚卡尔（Venkatesh Shankar）和格雷戈里·卡彭特（Gregory Carpenter）的说法，后来者启发式对于财力相对较低，且创新能力有限的企业尤其有用（即具有生态理性）。[9] 例如，20世纪60年代的日本电器公司，以及20世纪90年代的中国体育用品公司就非常符合这一特征，其中一些公司（如东芝和李宁）从后来者启发式中获益匪浅。对于财力雄厚的公司来说，在模仿的基础上进行创新最有效。苹果公司的iPhone、吉列公司的剃须刀和波音公司的商用飞机等例子都表明，尽管进入市场较晚，那些资源丰富且极具创新精神的公司也仍能成为市场主导者。

该模仿什么

要让模仿奏效，选择正确的模仿对象至关重要。模仿有两个主要的目标：

1. 模仿成功者：模仿某一领域内最好的产品、商业模式或做法。
2. 模仿多数人：模仿大多数其他公司所做的事情。

时间机器启发式和后来者启发式都是模仿成功者的例子。当要模仿的对象（即那些成功者）明确时，这些方法很有帮助。[10] 而当相关信息无法获得或很难找到时（比如市场上尚未出现领军企业），模仿大多数公司的做法则更有效。从本质上讲，该启发式相当于打赌其他公司的决策背后有充分的理由。例如，当一家美国 IT 公司想在海外开设第一个电话客服中心时，它必须选择一个国家作为中心的所在地。该公司没有什么经验，但知道大多数有类似需求的公司都在印度设立客服中心，因此很快决定也在印度设立客服中心。尽管跟随多数公司并不总能做出最佳决策，但对于没有时间或资源自己进行调查的公司来说，这可能会有很大帮助。而且，随着更多公司做出相同的战略选择，往往还会产生网络外部效应。就客服中心而言，随着越来越多的公司选择印度，那里就会产生更大规模、更专业的从业人员，这反过来又吸引了更多公司，使印度的客服中心越来越好。

俗话说，"在罗马，举止要像个罗马人"（即入乡随俗）。一家公司如果想在海外市场扩展业务，也可以从模仿多数人启发式中受益。在这个情境下，"多数人"指的是当地的习俗、传统和商业模式。例如，本书的两位作者曾在新加坡生活多年。当地肯德基餐厅的菜单上竟然有许多亚洲家庭早餐桌上的传统食品——粥。这对于主要去肯德基吃炸鸡食品的美国人来说，可能会显得奇怪。为了增加收入并取得对主要竞争对手麦当劳的优势，肯德基在 20 世纪 90 年代首次在中国分店推出了粥。这一尝试在中国取得了巨大成功，导致肯德基随后在其他亚洲国家（如新加坡和马来西亚）也逐渐将粥加入了菜单。更多受亚洲美食启发的菜品（如北京鸭肉卷和盖饭）继而也出现在肯德基的菜单上（见图 5-2）。有趣的是，近年来，美国本土的肯德基餐厅也开始向美国顾客提供这些创新菜品,以推广更健康的食品,并改变其"油腻腻"的品牌形象。在商业全球化时代,像肯德基这样的故事比比皆是。

图 5-2 肯德基创新菜品示例

注:肯德基的"在中国,就做中国人爱吃的"策略。左侧是在中国市场推出的新产品"老北京香辣鸭肉卷"的广告;右上角的照片展示的是在新加坡推广的粥类产品;而右下角则是美国市场上推广的三款盖浇饭产品的广告。

市场领军公司也该模仿吗

模仿市场领先者对较不成功的公司有帮助,然而,领先企业是否也应该模仿呢?事实证明,领先企业常常通过模仿竞争对手的举措,来巩固自己的市场地位。通过这样做,领先企业减轻了创新的负担,并且能有效降低由市场反应、新产品或技术以及消费者不断变化的口味带来的不确定性。例如,尽管可口可乐在日本软饮料市场占据主导地位,但它还是模仿了它的劲敌三得利。具体而言,可口可乐并不总是率先推出新产品,而是经常迅速模仿由三得利首先推出的饮料(如图5-3所示的季节性樱花味饮料),与其争夺新兴市场。另一个例子是英特尔。据报道,英特尔在开发移动设备微芯片方面投入了超过100亿美元,这是模仿其崛起对手ARM的策略。ARM专注于低能耗处理器的细分市场,随着智能手机、平板电脑和自动驾驶车辆的日益普及,ARM迅速蚕食了芯片市场。

图5-3 可口可乐在日本市场策略示例

注:可口可乐在日本模仿竞争对手的新产品。左图是百事集团推出的樱花味饮料的粉色广告(在日本,百事的授权归三得利所有)。右图展示了可口可乐随后推出的类似饮料的粉色广告。在这两则广告中,这些饮料都被宣传为限时供应的季节性产品。

可口可乐和英特尔都使用了后来者启发式来维持市场领先地位。令人好奇的是,它们选择了不同类型的竞争对手来模仿。在可口可乐的案例中,它模仿了与其类似的竞争对手三得利:两家公司都有广泛的产品线,满足了大多数市场需求。相比之下,另一家日本饮料公司大冢（Otsuka）虽然市场份额与三得利相当，但产品种类较少，因此可口可乐很少模仿大冢的产品。英特尔则选择了不同的策略。面对与自己长期在高性能芯片市场较量的AMD，英特尔转而模仿在新兴市场已占据一席之地的ARM。为什么？

企业策略专家德米特里·沙拉波夫（Dmitry Sharapov）和简-迈克尔·罗斯（Jan-Michael Ross）通过研究模拟和实际的竞争来探讨这个问题。[11] 他们发现，对于领先企业来说，当环境变化频繁且幅度大时（如计算机芯片市场），模仿其最接近的竞争对手（即排名第二且正在上升的公司）是生态理性的。原因在于，领先企业可以从竞争对手那里了解到难以预测的市场发展趋势，并以此指导下一步行动。而在环境变化不频繁且幅度较小的情况下（如日本的软饮料市场），领先企业则应该模仿与自己相似的竞争对手。因为这不仅更容易实现，还能帮助领先企业扼杀那些最有可能成为威胁的竞争对手。

启发式策略的适应性工具箱

除了模仿，成功的企业通常还有诸多其他的启发式，并根据其组织目标、具体任务和商业环境，灵活应用这些启发式。接下来，我们将探讨一些企业在制定关于收购、生产、定价、选址和市场扩展的战略决策时所使用的启发式。

收购策略

大公司保持竞争力的一种常见策略是收购其他公司,这对IT公司尤其适用,因为该行业创新频繁。正如莱维特所说,没有一家公司可以通过始终领先来击败竞争对手。在世纪之交,思科迅速崛起时,它采用了一个满意法则来决定是否收购某家公司。

75–75% 启发式:仅考虑员工不超过75人且其中至少75%是工程师的公司。

符合75–75%启发式的公司大多是高度创新的初创企业,且通常已经得到风险投资的支持。该启发式在初期效果显著,因为思科资金充裕,可以承担许多可能成功或失败的投资。然而,随着互联网泡沫的破裂和公司长期目标的明确,拥有大量工程师的小公司不再是必需的。这时,75–75%启发式被一个基于五个问题的计数启发式所取代:

- 目标公司是否与思科对行业未来方向的愿景一致?
- 是否有可能通过现有产品取得短期成功?
- 是否有可能在未来产品中取得长期成功?
- 是否位于思科附近?
- 是否与思科的文化兼容?

这个计数启发式法则是:如果目标公司在这些指标上得分为

5分，则给予收购绿灯；如果得分为4分，给予黄灯；其他情况则为红灯。这一法则帮助思科更专注地收购适合的公司。后来思科修改了该法则，删掉了"位置接近"这一指标。这一简化使其能够在更远的市场中抓住更多机会。[12]

生产策略

当生产能力有限且外部竞争激烈时，企业必须在生产优先级上采取战略措施。这正是英特尔在20世纪80年代面临的情况，当时亚洲公司在计算机芯片市场上咄咄逼人。英特尔没有依靠复杂的优化模型来做出生产决策，而是依赖于一个单一巧妙线索启发式。[13]

毛利启发式：根据产品毛利的顺序来决定生产。

通过这个启发式，英特尔避免了在那些利润不高且市场趋于饱和的产品上投入过多资源，例如曾经是公司核心业务的计算机内存。相反，资源被转向需求旺盛的高利润产品，比如微处理器。[14]在产品价格变化剧烈的市场中，这种启发式具有生态理性，因为专注于最畅销产品是公司生存的关键。然而，在利润可靠、竞争对手较少的稳定市场中，这种方法可能会损害公司的长期发展，因为它可能导致产品线不够平衡。

娱乐行业在选择制作什么节目时也需要谨慎，因为有众多的有趣创意和剧本不断涌现，迫切等待被制作。20世纪90年代，米拉麦克斯（Miramax）电影公司使用了一个快速简洁树来决定是否给一个电影剧本开绿灯。[15] 具体而言，如果图 5-4 四个问题中任何一个的答案是否定的，该电影提案就会被拒绝。通过这个启发式，米拉麦克斯可以快速判断某个电影提案能否吸引广大观众。根据这一规则制作的电影几乎都票房大卖，包括《英国病人》和《天才瑞普利》等大片。

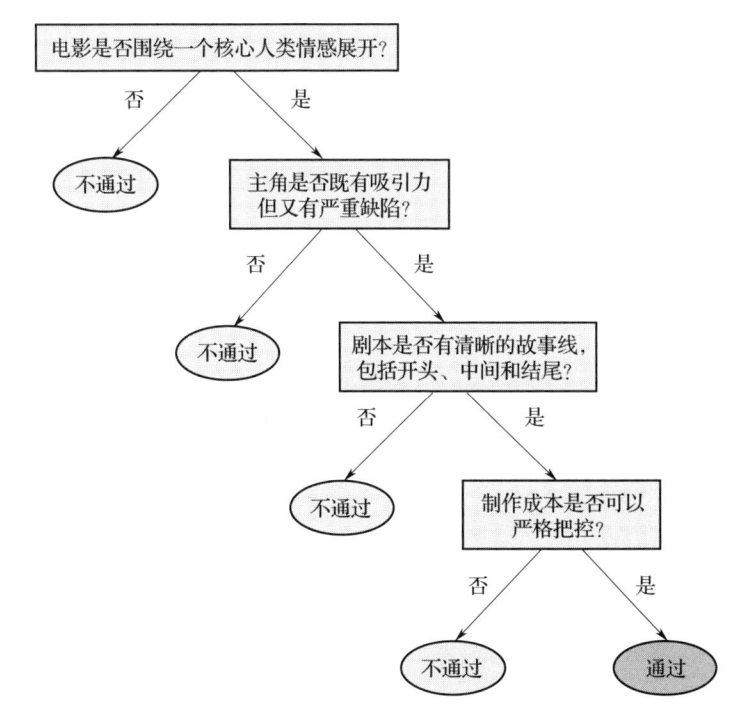

图 5-4　米拉麦克斯公司用于决策的快速节俭树

注：一个米拉麦克斯公司决定是否批准电影制作的快速节俭树。这个快速节俭树也可以被视为一个标准严格的计数启发式：只有在所有问题的答案均为"是"时，才通过。

定价策略

为了实现利润最大化,经济学理论通常建议企业应根据供需变化,不断更新产品价格。虽然这种做法在一些公司(如航空公司)中很常见,但其他公司却在使用简单法则来实现价格粘性。在第 3 章中简要提到的一项对德国二手车经销商的研究中,研究人员发现了两种用于定价的满意启发式:

固定期望水平的满意启发式:将车子价格设定在一个经销商可接受的价格 α,然后将它卖给第一个愿意支付这个价格或更高价格的客户。

可调期望水平的满意启发式:将初始价格设定为 α,如果在 β 时间段内未售出,则将价格降低 γ。

在研究涵盖的 628 家车商中,有高达 97% 的车商使用了其中一种满意启发式。[16] 最常见的策略是将初始价格定为同类车的平均价格,如果在约四周内没有售出,则将价格降低 2%~3%。尽管如此,各个车商也会根据其门店所在的位置,采用不同的 β 和 γ 值。例如,在周边地区每多一个竞争者,他们就会将等待时间 β 减少约 3%,而销售区内的人均国内生产总值每增加 1000 欧元,他们就会将等待时间 β 增加约 1%。总体而言,研究者估计使用满意启发式(无论期望水平是否调整)能为经销商带来比以最优化为目标的策略更高的利润。

选址策略

一家公司的店铺选址可以极大影响其运营成本和利润。以快餐连锁店麦当劳和汉堡王为例。在这两个竞争对手中，麦当劳一直是处于主导地位的"大哥"，这导致两者在选择店铺位置时采用了不同策略。汉堡王遵循一个单一理由启发式：无论市场体量大小，总是避免在麦当劳附近选址。而麦当劳则采用以下策略：在小体量市场区域靠近汉堡王选址，在大体量市场区域则远离汉堡王选址。市场营销学者拉斐尔·托马德森（Raphael Thomadsen）的研究表明，这些简单启发式能为这两家公司都带来好处。[17]

除了大型连锁公司，小型公司的业主和管理者时常也需要做出选址决策。有研究者访谈了美国达拉斯地区的 49 位企业家，研究他们如何做出选址决策。[18] 尽管选址对公司意义重大，但没有人声称他们广泛地搜索和比较多种备选方案。相反，82% 的被访者声称，他们最多考虑三个地点，然后从中选择最好的。此外，一些小型企业的管理者使用了模仿多数人启发式，即选择行业内其他公司已经落户的区域。结果表明，这些企业家的业绩普遍优于那些没用模仿启发式的。

市场拓展策略

一些公司已经开发出一些有力的（但也会被人诟病为"阴险"的）策略来扩展其业务至新市场和新客户。其中一种策略如下：

诱饵启发式：提供一个免费但在质量、数量或时间上有限制的服务或产品，吸引顾客尝试，然后再对升级的服务或产品收取费用。

该策略非常奏效，如今已成为许多订阅类产品的首选策略，包括报纸（如《纽约时报》）、云服务（如 Dropbox）和电子商务（如亚马逊）。在某些情况下，用户可以永久享受这些"免费"产品，只要他们同意（无论是知情或不知情）让产品提供商将他们的数据用于任何目的。例如，脸书和谷歌就采用了这种"以数据换服务"的商业模式，建立了庞大的客户基础，积累了海量数据，通过广告获利，并将数据出售给第三方。[19]

在 2004 年首次公开募股之后，谷歌获得了大量资金，开始涉足多个领域并大幅扩展业务。继搜索服务的成功之后，谷歌运用诱饵启发式来推动其他业务：通过在新领域提供免费或几乎免费的服务（例如，为 Gmail 账户提供超大免费存储空间），吸引大量客户，成为该领域的领军企业，随后再寻找盈利的方法。通过这一策略，谷歌逐渐发展成一个多元业务巨头，目前涵盖的业务包括电子邮件、在线视频、浏览器、智能手机、笔记本电脑、自动驾驶、生物技术、可穿戴设备和人工智能。当新增一位客户的边际成本几乎为零而预期收入稳定时，诱饵启发式是生态理性的。

诱饵启发式是组织管理学者克里斯托弗·宾厄姆（Christopher Bingham）和凯瑟琳·艾森哈特（Kathleen Eisenhardt）所称的"程序性启发式"的一个例子。他们采访了六家IT公司高管，探讨其国际市场扩展策略。[20] 高管们的回答揭示了一系列丰富的启发式，这些启发式可以分为四种类型：

- 选择启发式，用于决定哪些市场机会值得寻求（例如，将国际化限制在亚洲国家，或只瞄准制药公司）。
- 程序性启发式，用于明确面对机会时应采取的行动（例如，通过收购进入新市场，或以标准制定机构为途径进入新市场）。
- 优先级启发式，用于对机会的排序（例如，优先考虑政府客户，或将重点放在美国而非其他市场）。
- 时间启发式，用于处理与机会或行动的时机有关的决策，如顺序、速度和节奏（例如，先进入美国市场，然后是日本，再接着是中国）。

这些高管是如何学会这些启发式的呢？他们听上去像是经历了一个从详尽到简化的循环过程。在市场扩展的初期，高管们凭借之前的经验掌握了少量启发式。随着在新市场中积累更多经验，他们开发出更多且更复杂的启发式。然而，随着经验的进一步增加，他们有意简化了启发式的数量和细节。随着时间的推移，这个修剪过程逐渐塑造了一套高质量的启发式策略。在四种类型的启发式中，高管们学习选择启发式和程序性启发式的速度较快，而学习优先级启发式和时间启发式的速度较慢，这是因为后两者需要更好地理解多个机会之间的关系，且在认知上更具挑战性。这些发现表明，不论是这些启发式，还是前面提到的其他启发式，都是经过仔细思考和持续改进的结果。尽管这些启发式看似简单，但它们凝聚了高管们多年经验所积累的实践智慧，我们将在第13章中进一步探讨启发式学习这一主题。

智能启发式是企业的制胜策略

在广泛应用于商业领域之前，"战略"这一术语主要用于战争和战斗中（至今仍是如此）。与本章讨论的内容相似，从《孙子兵法》到卡尔·冯·克劳塞维茨（Carl von Clausewitz）的《战争论》，伟大的军事战略著作中没有一本只推荐某一个制胜策略。相反，它们提供了多种策略，并指导在特定情况下应使用哪种策略，充分体现了"适应性工具箱"和"生态理性"这两个原则。这是因为战争在方方面面都充满了不确定性。虽然商业竞争不像战争那样血腥，但它同样充满不确定性，尤其在当今时代。我们相信，智能启发式作为一种制胜策略，能够帮助企业在竞争日益激烈的商业世界中生存并繁荣发展。

6 创　新

创新是将创意和发明转化成畅销产品或服务的过程，是一项充满挑战的任务。创新型企业会依靠智能启发式达成这一目标。[1] 事实上，"启发式"一词在词源上与创造力紧密相连：在古希腊语中，ευρίσκω（heurískō）意为"我找到/发现"。创业研究学者马修·马尼马拉（Mathew Manimala）识别出了100多种用于创业的启发式。[2] 他发现，创新性强的企业与创新较少的企业使用的启发式有所不同。例如，创新型企业的启发式更注重能力建设、自然与全面的增长、人才与价值观的培养以及持续探索和学习。本章中，我们将探讨一些有助于企业实现并保持创新的智能启发式。在此之前，让我们先了解创新发生的基本条件。

为何重大创新常源自小型初创企业

人们可能认为，重大创新主要来自拥有雄厚财力、大量训练有素的员工和顶尖研发部门的大公司。然而，许多突破性创新往往来自小型初创企业。以脸书为例：虽然它没有发明社交媒体，但通过触达全球的互联网，彻底改变了人们的社交互动方式和对友谊的理解。[3] 同时，谷歌改变了我们搜索信息的方式，PayPal 革新了在线支付，奈飞则通过在线点播影视节目颠覆了我们的娱乐方式。

这些创新没有一个源自大公司。例如，邮政服务已有 2000 多年的历史：罗马帝国皇帝奥古斯都建立了一个名为 Cursus Publicus 的国家邮政服务机构，许多欧洲国家也从 16 世纪就开始设立邮政服务。其最初目的之一是让贵族和军队保持联系，并在远距离传递信息。然而，尽管公共和私人邮政服务在 19 世纪后得以极大发展，并成为今天我们熟知的大型机构，但它们并未走在利用互联网进行通信创新的最前沿。

互联网搜索引擎并非出自新闻集团（NewsCorp）或美国有线电视新闻网（CNN）这样的媒体巨头，大型银行也没有引领在线支付的潮流，而通过互联网进行的在线电影和电视流媒体服务，也不是由曾经主导实体店 DVD 租赁业务的百视达（Blockbuster）发明的。事实上，奈飞的联合创始人之一里德·哈斯廷斯（Reed Hastings）正是因为被百视达收取了 40 美元滞纳金感到不满，才萌生了创办奈飞的念头。[4] 这些开创性的创新（以及许多其他创新）都是由小型企业推动的。

为什么重大创新往往不是出自大公司？我们认为至少有三个原因：第一，大型组织往往存在消极的错误应对文化，这一问题我们将在第 11 章深入探讨。对管理者而言，避免犯错往往比创新更重要。为此，管理者通常选择"求稳"：不冒险、不尝试新事物、不挑战现有的产品和服务，也不鼓励创造力。创造力本质上意味着试错，因为大多数新想法和创新都会失败，只有少数被证明有用且具有商业价值，能够大获成功的更是凤毛麟角。

第二，与此相关的是，大型组织往往鼓励防御性决策。管理者选择次优方案而非最佳方案，以便在事情出错时保护自己，这种决策就是防御性的。为了自保，管理者会收集冗长的报告和不必要的数据，雇用咨询公司，并在做出决策前生成大量文档和文书。这种防御性文化扼杀了创造力和创新。

第三，也是最根本的一点，是第 2 章中提到的关于风险和不确定性的区别。在一个只有风险的小世界中，所有可能的行动、未来的状态及其后果都是已知的，因此创新无法发生。经济学家约瑟夫·熊彼特（Joseph Schumpeter）在沃纳·贡巴特（Werner Gombart）和卡尔·马克思（Karl Marx）[5]的研究基础上，提出了"创造性破坏"理论。熊彼特认为，正是创造性破坏的风暴在不断推动着经济系统内部的创新，持续地摧毁旧事物并创造新事物。这个过程的根本在于不确定性，因为不确定性限制了组织机构预测和控制环境的能力，从而影响它们的生存。最终，大多数组织迟早会消失、变得无足轻重或缺乏竞争力。这个重要的洞见常被小世界理论所忽视，也被那些试图用庞大资源控制环境的每一个细节、管理风险的大型组织所忽视。那么，在熊彼特的创造性破坏世界中，企业如何才能蓬勃发展？或许，与其扩大其风险管理部门，企业更应该考虑建立"不确定性利用部门"，在不确定的世界中充分发掘新的商机。

在不确定性中保持创新的挑战

之前提到的创新型初创公司有些已经成长为大型企业,并面临如何持续创新的挑战。许多公司无法应对这一挑战,转而通过收购初创公司来购买创新,而这些初创公司正像它们在扩张前一样,极具创新精神。一位德国智能厨房设计师与我们分享了他的经历:当他小而前沿的公司在加州获得一个国际竞赛一等奖后,谷歌的一位经理找到了他,宣称:"我们要么收购你,要么摧毁你。"

然而,购买创新充满挑战,因为很难预测哪个创意最终会带来利润。1998 年,奈飞刚起步时,百视达主宰着美国的视频租赁市场。2000 年,奈飞提出以 5000 万美元的价格将公司出售给百视达,但被百视达的高管拒绝了,因为当时奈飞还在亏损,而百视达依然盈利且蒸蒸日上。百视达当时的 CEO 约翰·安蒂奥科(John Antioco)认为"互联网公司的火热完全是资本吹出来的"。[6] 与此同时,亚马逊的 CEO 杰夫·贝佐斯曾提出以约 1500 万美元的价格收购奈飞,但该提议被奈飞的创始人拒绝了。事实证明,这个决定是明智的:到 2020 年,奈飞的营收超过 250 亿美元,市值约为 2000 亿美元。而百视达则于 2010 年申请破产保护,到了 2014 年,除了位于俄勒冈州本德市的一家店外,其他所有门店都已关闭。

在不确定性情境下,类似的预测失败屡见不鲜。1876 年,美国当时最大的电报公司西联（Western Union）拒绝以10万美元购买亚历山大·贝尔（Alexander Bell）的电话专利，理由是"贝尔认为公众无须经过培训就能使用他的设备，但任何电报工程师都会立即看出这个想法的荒谬。公众是无法独立操作通信技术设备的"。[7] 虽然此类案例在书中常被视作离奇的决策失误，但我们需要认识到，事后诸葛亮人人都会做，而不确定性常常催生重大错误，未来如何发展没有剧本可循。

与其试图通过收购来获得创新，企业更应该努力保持自身的创新能力。但该如何做到这一点呢？

创新启发式

在持续卓越创新的大型企业中，3M公司无疑是一个杰出代表。鉴于其突出的成就，3M的经验值得深入研究。3M成立于1902年，最初名为明尼苏达矿业和制造公司（Minnesota Mining and Manufacturing Company）。现在，其产品线已涵盖6万多种产品，包括全球知名品牌3M胶带（Scotch Tape）、便利贴（Post-It Notes）和百洁布（Scotch Brite），年销售额超过300亿美元。值得称赞的是，2014年3M公司的专利数达到10万项，而且此后还以每年新增约3000项的速度增长。[8] 3M是如何在如此长的时间内保持如此强劲的创新能力的呢？该公司所采用的一些启发式已成为其企业文化的一部分，而这些启发式似乎在维持公司创新能力方面发挥了重要作用。

用15%法则驱动创意

"15%法则"在1948年推出，是3M使用的一个重要的单一巧妙线索启发式。它允许科学家和工程师将约15%的工作时间用于任何自己感兴趣的创新尝试。威廉·麦克奈特（William McKnight）在3M工作多年，从一名普通记账员成长为公司掌舵人，他是这么解释这个法则的原理的："我们鼓励实验性的探索。如果你给人设限，他们会变得循规蹈矩。一定要给他们足够的空间。"[9]

15%法则：科学家和工程师可以将15%的工作时间用于探索新事物。

这个法则看似在浪费资源和时间。毕竟，这些带薪时间并未用于有具体产出的项目上，而且，时间大多花在想法构想上，而多数想法永远不会转化为具有商业价值的产品。此外，为什么是15%？为什么对所有员工使用相同的比例？显然，有些员工比其他人更有创造力和创新能力，为了最大化创新，似乎应该为这些员工分配更多时间，而为创造力低的员工分配较少时间，甚至不分配时间。然而，这种最优化思路的问题在于，3M不是在一个可计算风险的小世界中运作，而是在一个无法预测谁会提出下一个突破性创意的大世界中。在这种情况下，开创性想法可能恰恰来自某个首次提出新创意的员工。

3M的许多专利和产品,包括无处不在的便利贴,都是在那个15%的时间内发明的。公司感染预防部门的员工利用这段时间研发无线传导的电子听诊器,这使3M推出了首款蓝牙电子听诊器,让医生在巡诊时能够实时听取患者的心肺声音,并将数据无缝传输到软件中进行深入分析。这款产品最终为3M带来了巨大利润。

15%法则已被其他一些高度创新的公司模仿,例如惠普和谷歌。在被问及他高度钦佩的公司时,惠普的比尔·惠利特(Bill Hewlett)称赞3M是企业榜样:"毫无疑问是3M!他们总是令人意外,你永远不知道他们接下来会推出什么。更妙的是,他们自己可能也不知道。"[10]在谷歌,Gmail和Google Earth这两款产品就是在公司采用的比15%法则更为慷慨的20%法则内诞生的。[11]

用30/4法则和6%法则保持创新力

为了防止自满,3M制定了另一个单一巧妙线索启发式,以保持创新:

30/4法则:公司30%的利润必须来自过去四年内推出的产品。

这项法则不断督促公司不要安于现状,鼓励员工继续探索更新、更好的产品,而不是满足于现有专利和畅销产品带来的利润。这个法则还与另一个单一巧妙线索启发式相辅相成:

6%法则:将约6%的销售收入用于研发。

3M在研发上的投入比例远高于一般制造企业，这为实现30/4法则提供了充足资源。这种投入不仅带来了新产品，还催生了全新的行业。3M的市场副总裁大卫·鲍威尔（David Powell）肯定了研发的重要性："无论经济形势如何，每年的研发投入都是公司的基石。在经济低迷时保持这一投入尤为关键。"这一法则为研发预算的制定提供了一种快速、简洁、透明的方法。同时，它也激励研究人员和产品开发人员开发畅销的创新产品，因为销售增长意味着更多的研发资金。

化失败为成功启发式

3M公司还有一个悠久的传统，那就是讲述那些著名的一开始失败但后来却创造出突破性产品的故事。这个传统背后是一个更深层次的文化：保持创新，勇于冒险，即使面临失败的风险也要追求不确定的回报。

化失败为成功启发式：每当遇到失败，不要黯然接受，而是思考如何将其转化为成功。

以皮革保护剂ScotchGuard的发明为例。3M研究员帕茨·谢尔曼（Patsy Sherman）在进行氟化聚合物实验时，一名实验室助手不小心将混合物洒在她的网球鞋上。她尝试了水、酒精和肥皂，但始终无法去除鞋上的污渍。这次意外引发了她的灵感：这种物质或许可以作为纺织品的防污保护层。[12] 经过一系列实验，

ScotchGuard 的配方最终研发成功。另一个化失败为成功的故事是便利贴的诞生。在开发强力胶水的过程中,研发团队无意中发明了弱黏合剂。虽然这项发明最初看似失败,但他们没有放弃,而是将其转化为获得极大商业成功的便利贴。3M 早期还有一个失败故事,也成为公司传奇的一部分:3M 最初的商业规划是开采刚玉,一种用于制造磨轮的材料,但结果只开采到了一种劣质磨料。但公司没有放弃,反而经过大量实验,最终研发出他们第一个突破性产品:水砂纸。

从失败中学习需要一个良性的错误应对文化。在 3M,这种文化通过理查德·卡尔顿(Richard Carlton)的理念得到了体现。卡尔顿是 3M 的制造总监,也是公司首本测试手册的作者,他的哲学是:"想前行,就别怕跌倒。"同样,3M 的 CEO 麦克奈特也制定了一套"麦克奈特原则",作为公司文化的核心。其中关键的一段写道:"错误是不可避免的,但如果一个员工的工作方向总体正确,那么从长远来看,他犯的错误通常不如管理层的专断行为严重,尤其是当管理层试图详细规定员工如何完成工作时。"[13]

试错启发式

托马斯·爱迪生(Thomas Edison)通常被认为是在 1879 年发明灯泡的那个人。然而,英国化学家汉弗莱·戴维(Humphrey

Davy）早在多年以前就已经发明了早期的电灯泡，他同时还指出让这一发明获得商业成功的关键挑战：找到便宜、燃烧时发光且耐用的材料。最终，只有爱迪生找到了合适的材料和制造方法，使电灯泡得以普及。为了达到这一目标，他采取了试错启发式。

试错启发式：尝试第一个想到的选项。如果失败了，就尝试下一个。重复这一过程直到成功。

爱迪生指示他的研发部门储备各种能想到的原材料。凭借丰富的材料选择和在生产工艺方面的经验，他不断尝试不同的材料组合。这一试错启发式最终促成了爱迪生电灯泡的发明。

试错法也深深植根于3M的文化中。正如卡尔顿所言："每个想法都应该有机会证明自己的价值，原因有两点：（1）如果这个想法是好的，我们就需要它；（2）如果它不好，那么通过证明它不可行，我们也能获得心安。"[14]

不期而获（Serendipity），即意外找到未曾刻意寻找的事物，在创新中发挥着重要作用。之前我们提到，3M的皮革保护剂ScotchGuard正是源于实验室的一场意外。当时一名研究人员不小心把用于其他实验的液体洒在鞋上，结果意外发现这种液体具有防水性。同样，戈尔特斯（Gore-Tex）如今已成为高品质全天候服装的代名词，它的发现也是一次偶然事件。[15] 公司创始人鲍勃·戈尔（Bob Gore）在拉伸加热后的聚四氟乙烯材料时，原本应该缓慢进行，但某次他突然猛一拉，结果材料延展了约800%，形成一种既防水又透气的微孔结构，戈尔特斯因此诞生。虽然严格来说这不是试错启发式的直接产物,但试错过程中往往伴随着这样的意外收获。

让试错启发式具有生态理性有两个关键条件:一是需要在专业知识指导下探索问题解决方案,二是需要足够的资源。充足的资源使公司能够尝试他们想到的所有潜在解决方案,专业知识则有助于将解决方案的搜索引导到有前景的方向。这与第 2 章中提到的流畅启发式逻辑相同:专家首先想到的选项往往就是最佳选择。

没有专业知识指导的试错是不明智的。随机尝试各种解决方案通常需要大量的试验和资源。因此,这种方法更适合那些拥有充足资源(如客户、材料、程序员、科学家)的组织。像亚马逊和脸书这样的科技巨头,由于每天在其平台上发生亿级的客户互动和交易,它们可以进行大量的小规模实验来测试不同的方案。例如,他们会随机向成千上万的用户展示不同布局、颜色和字体的网页,以观察哪种版本能带来更多收入或点击率。在资源有限或试验周期较长时,无指导的随机试错可能会过于耗时或成本过高,因而不是个理想的方法。"启发式设计"是另一个随机试错法大概率不是最佳方案的情境。

产品设计的启发式

产品设计在审美和生产成本方面都至关重要。据估计,约 70% 的产品成本取决于其设计。[16] 在几乎无限的设计可能中,该如何找到最佳的那个呢？在这里，启发式再次体现出它的重要性。关于设计的启发式分为两类：一类针对设计结果（即产品应该具备什么外观和特性），另一类针对设计过程（即如何提出新设计）。

很少有公司像苹果公司那样因设计而闻名遐迩。但鲜为人知的是，苹果和许多其他公司一样，深受在德国博朗（Braun）公司长期担任设计主管的迪特·拉姆斯（Dieter Rams）设计理念的启发。图6-1展示了苹果如何运用模仿成功者启发式（参见第5章）设计iPod，其设计与博朗的T3收音机极为相似。

1958　　　　　　　　**2001**

图6-1　模仿成功者启发式在产品设计中的应用示例

注：模仿成功者启发式在产品设计中的应用。苹果的iPod模仿了博朗很早以前的T3晶体管收音机。[17] 左侧为1958年的T3收音机，右侧为2001年的iPod。这个例子也展示了简单设计启发式的恒久魅力。来源：https://es.bellroy.com/journal/heroes-of-design-dieter-rams.

根据拉姆斯制定的十项设计原则,好的设计应该具备以下特点:[18]

- 创新
- 实用
- 美观
- 易于理解
- 低调
- 诚实
- 持久
- 细节周到
- 环保
- 简约

拉姆斯的设计原则可以作为计数启发式使用:设计师可以统计他们的设计理念满足了多少个原则,满足的原则越多,设计越好。公司还可以设定阈值,要求设计必须满足一定数量的原则才能被接受。

细化设计过程的启发式可以帮助设计师产生新创意。科琳·塞弗特(Colleen Seifert)及其同事进行了一项定性研究,研究对象是从事各种消费品设计的工业和工程设计师。他们从中归纳了77种设计启发式,这些启发式涵盖了多种不同的思路,[19]例如:

拓展现有产品:为现有产品添加额外功能,可以考虑增加与其他产品的物理连接、创建一个容纳该产品的系统,或重新定义不同产品之间的关系。

弯曲：通过将连在一起的材料弯曲成一个角度或圆形曲线，从而为弯曲后的表面赋予不同的功能（见图 6-2 的示例）。

暴露内部：通过去除产品的外表面或使其透明，展示产品的内部组件，以提升用户感知和理解。

堆叠：将各个组件堆叠起来，或使整个产品具备堆叠功能，以节省空间、保护内部组件或创造独特的视觉效果。

统一：根据直观的关系，如相似性、依赖性、接近性，将元素进行聚类，以实现视觉上的一致性。

图 6-2　弯曲设计启发式示例

注："弯曲"设计启发式的例子：弯曲的书架不仅可以用来存放书籍，还兼具艺术化室内装饰的功能。资料来源：https://www.etsy.com/uk/listing/155846308/spiral-bookshelf-medium.

在后续研究中，塞弗特及其同事发现，学生可以通过培训掌握设计启发式。这种培训非常直接，主要是对设计启发式的简单演示。启发式的一个重要优势是它们相对容易学习和传授(我们将在第13章中详细讨论)。经过培训后的学生给出的设计比对照组学生的更具创意。研究人员得出结论,设计启发式"似乎帮助被训练者'跳跃'到新的问题空间,从而产生了更多样化的设计,且被评为更具创意设计的频率更高"。[20]

通过群体智慧实现创新

群体智慧启发式可以通过对大量的独立估计取平均值,来准确预测未来事件,例如哪个候选人会赢得选举,或哪个产品会在市场上取得成功(详见第3章)。然而,创造力和创新常常来源于与常规或平均水平不同的思路。有趣的是,结合头脑风暴和群体智慧,可以开发出成功的新产品。这一过程包括两个步骤:

第一步(头脑风暴):向客户征集创意,并将这些创意汇总。

第二步(群体智慧):让客户对这些创意进行投票,并选出最受欢迎的创意。

第一步利用了大众的意见多样性,而第二步则依靠大众的群体意见。两者结合就形成了一个强大的组合。乐高(LEGO)正是运用这一策略,将其产品创新推向新高度。

在玩具行业中,很少有品牌像乐高那样保持高度创新和成功。[21] 每年,无数个小塑料砖和塑料小人被销售和组装,给全球大批粉丝带来了无尽的欢乐,同时也为公司带来了丰厚的利润。

然而，在21世纪初，乐高面临了严重的问题。其设计团队开发出了越来越复杂的产品，这些产品需要更多独特设计的组件，导致生产成本飙升。与此同时，销售额却持续下降，因为这些复杂的设计未能充分吸引消费者。从2002年到2003年，乐高的销售额下降了30%。

在此关键时刻，乐高创意（LEGO Ideas）平台应运而生。乐高创意是一个在线平台，粉丝可以在此分享和讨论自己的设计，并为喜欢的设计投票。一旦某个设计获得超过1万票，乐高会进行正式评审，决定是否投入生产。若决定生产，该产品将在乐高商店中销售，设计者将获得净销售额1%的奖励。通过集思广益获取创意，这一策略充分发挥了乐高粉丝的群体智慧。它不仅催生了许多优秀的设计和产品，还在产品推出前就激发了粉丝的兴趣，进一步增强了粉丝对品牌的忠诚度。乐高创意推出后不久，销售额开始回升。2015年，乐高成为欧洲和亚洲的头号玩具公司，2016年更是售出了750亿块积木。

在互联网的推动下，旨在从大众中获取好创意的创新策略变得越来越可行。有时，这甚至不需要像乐高创意那样复杂的设置。亚马逊最初通过在线销售书籍起家，后来将CD和DVD加入了购物目录。在平台逐渐成形后，杰夫·贝佐斯开始思考亚马逊如何进一步扩展。他随机挑选了1000名客户，给他们发电子邮件，询问他们希望亚马逊销售什么产品，许多人给了回应。贝佐斯回忆说，有人写道："挡风玻璃雨刷，因为我真的需要挡风玻璃雨刷。"[22]就在那一刻，贝佐斯意识到亚马逊可以在网上销售几乎任何东西。随后,亚马逊的商品逐步扩展到电子产品、玩具等多个品类。除了倾听客户的需求,亚马逊还谨慎地规划扩展路径,一步步推进,避免过快扩张。这些启发式策略在亚马逊取得巨大成功的过程中发挥了重要作用。

创新还是模仿?

斯蒂芬·斯蒂格勒(Stephen Stigler)的命名定律(law of eponymy)指出,几乎没有科学发现是以其原始发现者的名字命名的。[23] 例如,解释直角三角形边长关系的毕达哥拉斯定理,其实在毕达哥拉斯之前就已为人所知。同样,傅里叶变换在傅里叶(Joseph Fourier)之前就被拉普拉斯(Pierre-Simon Laplace)使用过,柯西分布在柯西(Augustin-Louis Cauchy)"偶然"发现它之前29年就已经由泊松(Siméon Poisson)发表,而贝叶斯定理也并非由贝叶斯(Thomas Bayes)本人首先发现。为了论证这一点,斯蒂格勒指出,甚至他提出的这个定律也不是他最先发现的,他将此归功于社会学家默顿(Robert K. Merton)。

斯蒂格勒定律在商业领域同样适用。许多产品的名称与其实际发明者并无直接关系。正如我们在本章中所看到的,爱迪生并不是电灯泡的发明者,而玩具公司美泰(Mattel)的著名产品芭比娃娃,实际上是以德国小报《图片报》中的漫画角色莉莉为原型设计的。莉莉最初是为了迎合《图片报》成年男性读者的口味,而芭比则顺应了当时盛行的性别刻板印象。1992年推出的第二版芭比娃娃会说话,但或许她不开口更好,因为她说出了像"数学好难啊,我们去购物吧"这样令人尴尬的言辞。[24]

  本书第5章强调了模仿作为一个启发式在商业策略中的价值,它可以帮助公司开发产品、进入市场并保持竞争力。即使是像谷歌这样高度创新的公司,也曾通过模仿开发了AdWords,将其搜索引擎商业化,通过广告展示获得收入。通常情况下,模仿与创新之间的界限是模糊的。大多数组织机构既模仿又创新,因为没有哪个组织能完全依靠自身进行所有创新。尽管模仿通常比创新容易得多,但缺乏创新能力的组织很难长期生存。对此,我们的观点是,模仿和创新对发展都至关重要,而它们都可以通过智能启发式来实现。

7 在现实世界中谈判

在电影《王牌对王牌》(*The Negotiator*)中,塞缪尔·杰克逊(Samuel Jackson)扮演了一名经验丰富但被诬陷犯有贪污罪的人质谈判专家丹尼·罗曼。[1] 为了查明真相,证明自己的清白,绝望之中的罗曼在芝加哥警察局大楼内劫持了数名人质。在一个场景中,一名经验不足的人质谈判专家法利试图说服罗曼投降。显然很紧张的法利问罗曼想要什么,罗曼问是否可以去见神父,法利拒绝了。

"很好,法利。"罗曼说,"你不应该让我去见神父,因为神父和死亡有关,你不想让我在现在这种状态下想到死亡,是吧?"

"是的,我不想。"

"但你还是对我说了'不',法利。你不能说'不',在人质谈判的情况下永远不要说'不'……这在手册上写着呢……永远不要用'不''不要''不会''不能'这样的词,因为这样会让挟持者逐渐失去可能的选项,最终唯一的选择就是开枪杀人。"

罗曼接着又让法利说了几次"不",然后下了最后通牒:如果法利再说一次"不",他就开枪打死其中一名人质。

电影中的这一幕说明了一个重要问题:优秀的人质谈判专家使用启发式。法利的行为很典型,许多新手都会这样做:他试图与罗曼交谈,以了解他的目的和动机,试图从罗曼那里获取信息来分析局势。然而,他却不善于遵守简单却重要的法则,比如永远不要对人质挟持者说"不"。由于不了解这些简单的法则,不老练的人质谈判专家很容易犯错,导致局势恶化。启发式的使用不仅限于人质谈判,也适用于更广泛的谈判场景。

教科书中的传闻:启发式使谈判者产生偏见

谈判是一个过程,通过这个过程,双方或多方通过共同达成协议来解决冲突,分配稀缺资源。[2] 正如本章中所示,谈判者会使用一系列启发式工具,如各退一步、大胆开价,以及模仿对方。这不足为奇,因为谈判常伴随着复杂性、不确定性、时间压力等情况,这些都需要依赖启发式来应对。

然而,在阅读任何一本标准的谈判教科书后,你会得到这样的印象:成功的谈判全靠分析;启发式是谈判者最大的敌人,甚至比情绪更可怕。[3] 谈判者至少可以策略性地利用情绪来操控对手(例如假装愤怒),但启发式几乎总是与认知偏差联系在一起。比如,根据这些教科书,可得性启发式(availability heuristic)使谈判者过度依赖容易获得或检索到的信息(如二手车的标价),而忽略更重要但不那么突出的信息（如汽车的实际市场价值）。

在表达对启发式的负面看法之后，这些书继而会建议谈判者应避免自己使用启发式，但要利用"他人的启发式为自己谋利"。[4] 教科书中的谈判建议存在一个问题，那就是它们几乎完全基于两类小世界证据：[5]

- 基于博弈论或谈判分析方法的复杂理论模型：这些模型构建于假想的、过分简单化的小世界中，它们虽然提供了所谓的"理性"解决方案，但对于谈判者应该如何采取行动以实现这些解决方案，却没有实用的建议。
- 以非谈判专家为主要研究对象的、模拟在小世界中谈判的实验室研究：这些研究提供了一些实证性见解，揭示了影响假想谈判或小激励谈判的因素，但不能保证这些见解能推广到实验室外的真实大世界中。

这两种方法（一个理论、一个实证）都适用于状态空间已知的小世界。在典型的实验室研究中，谈判者会收到明确的指示，告诉他们需要就交易的哪些方面（如价格、质量或交货日期）进行谈判，可能达成的协议，以及每项协议所能获得的积分（示例见表 7-1），他们不知道对方的指令和收益方案（反之亦然）。在理论分析中，建模者不仅知道甚至还设定了双方的收益方案，然后根据这些设定确定最佳方案。在这种情况下，人们可以清楚地知道什么是最佳方案，而谈判分析作为一种标准化的工作流程，可以帮助确定最佳协议。

表 7-1 谈判积分表

问题	选项	招聘者得分	应聘者得分
薪水	$80 000	-4000	4000
	$75 000	-2000	2000
	$70 000	0	0
	$65 000	2000	-2000
	$60 000	4000	-4000
工作地点	纽约	800	800
	波士顿	600	600
	旧金山	400	400
	休斯敦	200	200
	芝加哥	0	0
搬家费补助	100%	-600	1200
	90%	-450	900
	80%	-300	600
	70%	-150	300
	60%	0	0
…	…	…	…
	…	…	…

注：这是一个实验室研究中常用的谈判积分表，用于展示小世界谈判是什么。在表中的模拟谈判中，招聘人员和应聘者就一份工作聘用合同进行谈判。每一方都知道：(a) 所有的谈判问题（研究中共八个，表中只显示了其中三个）；(b) 所有可能达成的协议选项；(c) 每个问题达成协议后获得的分数。这种情况与现实世界中的大多数谈判不同，后者在问题、选项和回报方面通常存在很大的不确定性。

然而，现实中的谈判往往是在不确定性和复杂性背景下进行的。以联合国气候行动谈判为例。这些谈判涉及来自100多个国家的谈判团队，需要就气候变化达成共识。[6] 气候变化是一个复杂的问题，不仅涉及环境，还涵盖政治、社会、经济和健康等多个层面，小世界的最优化方法在这种情境下根本就不适用。即使是复杂性较低的商业谈判，也充满了不确定性。谈判者需要就价格、数量、质量、保修和服务条件等多个问题达成一致，但事先通常不清楚所有相关议题是什么，更不清楚协议空间（即可能的解决方案有哪些）。此外，随着情况的变化（例如，原材料价格大幅上涨），谈判各方可能会中途改变主意，使之前的提议变得不可行；或是竞争对手提出新的报价，扰乱了整个谈判进程。

当谈判在不确定情境下进行时，谈判者无法找到一个最佳解决方案，只能依赖启发式。唯一的问题是：在什么情况下他们应该使用哪种启发式？这是个生态理性的问题。正如莱因哈德·泽尔腾明确指出的（见第 1 章），小世界中的最佳解决方案并不适用于充满不确定性的现实世界，虽然这一区别常常在教科书中被遗忘。由于未能区分小世界和大世界，教科书常常片面地将谈判者描绘成充满偏差的人。这种倾向，即虽然不存在偏差却处处看到偏差的倾向，被称为"对偏差的偏差"（bias bias）。[7]

谈判高手如何计划和行动

与大多数谈判研究不同，谈判学者尼尔·拉克姆（Neil Rackham）研究成功谈判者的行为，这让人耳目一新。[8] 这里的"成功"并不是基于设定明确的谈判模拟、按照预定收益方案所获得的分数。相反，拉克姆研究了 48 位老练的专业谈判者在 102 场谈判中的表现，其中包括 17 位工会代表、12 位管理人员、10 位合同谈判人员以及 9 位其他类型人员。这些谈判者必须满足以下三个标准，才会被纳入研究范围：

- 谈判双方都认为她/他是高效的。
- 在一长段时间内保持良好的谈判记录。
- 谈判结果的实施失败率低。

不符合这些标准或无法获得数据的谈判者被归入"普通"组。拉克姆分析了两个阶段的行为：准备阶段和实际谈判阶段。结果显示，在准备阶段，与普通谈判者相比，老练谈判者：

- 考虑的可能结果和方案数量约为普通谈判者的两倍（5.1 vs 2.6）。
- 在预期可以达成共识的领域上花费的时间约为普通谈判者的三倍（37% vs. 11%）。
- 考虑长期问题的次数约为普通谈判者的两倍（8.5 vs 4.0）。
- 计划特定的谈判顺序（例如，先谈判 A 问题，再谈判 B 问题，最后谈判 C 问题）的频率约为普通谈判者的一半（2.1 vs 4.9）。
- 更经常地设定范围（如"我们的目标是 2 美元，但也愿意接受 1.8 美元"）而非固定某个点。
- 花在准备工作上的时间差不多；这表明他们并非更频繁而是更高效地做计划。

这些研究结果表明，老练的谈判者更关注谈判中的不确定性。他们通过考虑更多选择、设定范围、避免固定顺序来增加灵活性。灵活性可以增强谈判者在不确定情况下的应变能力，尤其是在无法预知接下来会发生什么时。老练的谈判者也更注重长期的可持续性，因为随着时间的推移，不确定性往往会增加；同时，他们更专注于可能达成共识的领域，因为不确定性容易导致更多的误解和冲突。

在分析面对面谈判中的行为时，拉克姆发现了一个从计划阶段就一直存在的主题，即老练谈判者会避免制造分歧和冲突。他们的做法如下：

- 使用"拱火"词的数量仅为普通谈判者的约五分之一（2.3 vs 10.8）。拱火词是指我们提供的报价"慷慨""公平""合理"等词语。用这些词语来形容自己的报价或行为会激怒对方，因为对方会认为这些词语暗示自己不公平、不合理或不慷慨。
- 立即提出相反建议的次数只有普通谈判者的一半左右（1.7 vs 3.1）。即刻的反建议往往被对方视为试图阻碍、反对他们的提议；这并非真正的建议，尤其是在对方希望讨论提议时。
- 使用言语攻击或防御的频率仅为普通谈判者的约 1/3（1.9 vs 6.3）。言语攻击或防御会导致破坏性行为螺旋式上升，比如一方所做的事情被另一方视为攻击，因此他们会进行自我防御，而这又被第一方视为攻击，如此反复，导致冲突升级。

- 在有分歧的地方使用"行为标签"的频率只有普通谈判者的约 1/3（0.4 vs 1.5）。普通谈判者可能会说"我不同意你的……"，而老练的谈判者则更倾向于先说理由，然后陈述结论，而不是将其表达标记为不同意，即使他们实际上的确不同意。

老练谈判者还会采取一些措施，以增加谈判语言的清晰度和易理解程度，减少对方对自己意图和其他内部状态的不确定性，例如以下行为：

- 在非分歧领域中，使用行为标签的频率是普通谈判者的五倍以上（6.4 vs 1.2），例如他们会说"我可以问你一个问题吗""我能提个建议吗"之类的话。需要注意的是，普通谈判者在表达分歧时使用行为标签的频率比老练谈判者要高（1.5 vs 0.4）。可见，给行为打上明确的标签在大多数情况下是生态理性的：不存在分歧时，使用标签会增加对共识的确定性；但在存在分歧时，减少标签会增加对分歧的不确定性。
- 频繁陈述自己的内在状态，如感受、疑虑和动机等，频率比普通谈判者高出约 50%（12.1 vs 7.8）。通过这种方式，他们使隐形的内在状态变得可见，从而减少了不确定性并增加了信任。

除了用行动减少自身的不确定性，老练谈判者还通过以下行为，力图减少关于对方的不确定性：

- 提问的频率是普通谈判者的两倍以上（21.3 vs 9.6）。提问是获取信息和减少对对方利益、目标和观点不确定性的关键策略。它还可以帮助发现达成协议的创新性选项。
- 通过询问"我理解您的意思是……对吗？"等问题，他们测试理解的频率是普通谈判者的两倍多（9.7 vs 4.1）。这些问题不仅减少了误解的可能性，还可以巧妙地质疑对方的陈述或立场，促使他们重新考虑并重新表述。
- 总结之前要点的频率大约是普通谈判者的两倍（7.5 vs 4.1）。

老练谈判者也更关注协议未来的执行，同时也会确保协议不是建立在误解的基础上。与此相反，普通谈判者可能会因为急于达成协议，而不愿揭露潜在的分歧，以避免危及已达成的协议。

最后，老练谈判者似乎更懂得"少即是多"的道理。具体来说，他们在提供支持自己论点的理由时，更注重质量而非数量：

- 老练谈判者使用更少的论据来支撑他们的观点（1.8 vs 3.0）。

老练谈判者将注意力集中在最有力的理由上，这样可以避免所谓的"论点稀释"问题：在强有力的论点上增加一个较弱的论点，虽然增加了论点的总数，但却削弱了整体论证的力量。此外，由于谈判是一种战略互动，添加一个弱论点会给对方提供机会，以此作为攻击点，同时将注意力从强论点上转移。

拉克姆的研究表明，老练谈判者深知自己是在不确定的情境中进行谈判。正如我们所知的，启发式是应对这种"大世界"的有效决策策略。接下来，我们将讨论一些最常见的谈判启发式。

成功谈判的启发式

一个有趣的现象是,那些警告读者启发式和偏差危险的教材,往往也会推广启发式,只是用了不同的名字:谈判策略。例如,互通有无(logrolling)是一种整合性("双赢")谈判策略,其中谈判者使用一种启发式,即给予对方他们更看重而自己则不在意的东西,从而使双方都受益。一方面警告谈判者不要使用启发式,另一方面又推荐启发式,这不仅自相矛盾,而且无益。更有价值的做法是将谈判策略视为启发式,并分析其生态理性。让我们从第5章中遇到过的一种启发式开始讨论,它当时用于另一个目的:定价。

满意启发式

在分配性("赢 - 输")谈判中,谈判区间是固定的,一方赢,另一方就输;因此,这纯粹是个如何分配固定谈判区间的问题。一个常见的推荐策略是确定自己的期望价格(即目标价)和底线价格(即买方可接受的最高价格和卖方可接受的最低价格),并在整个谈判过程中坚持这两个价格。设定目标价不同于最大化策略,后者总是认为越多越好,没有"足够好"的概念。同时,坚持底线价格不变则违背了贝叶斯更新的理念,即谈判者应根据在谈判过程中获得的信息，调整其底线价格。

事实上，这种策略是西蒙经典的满意启发式的一个版本。买方设定一个只有他们自己知道的目标价格，然后以低于这个价格的出价开始谈判，并最终接受任何低于目标价格的出价。如果在一些交涉后，买方不能达到这个目标，他们可以调整出价，但不会超过底线价格。

买方视角的目标-底线启发式如下：

步骤1：设定一个期望水平（目标价）α和一个底线水平β（$\alpha<\beta$）。

步骤2：以低于α的价格开始谈判并逐步让步。

步骤3：在低于β的价格上达成协议；否则，结束谈判。

当不确定信息是否可信，且无法确知对方的情况时，此类的简单规则可以帮助人们实现满意的谈判效果，同时防范重大风险和损失。

模仿启发式

模仿至少可以从两个方面帮助谈判。首先，在模仿成功者启发式中，新手谈判者会模仿经验丰富的成功谈判者，类似于企业模仿行业中最好的公司和他们的做法，这一点在第5章中讨论过。其次，模仿本身也可以成为一种有效的谈判启发式。例如，谈判学者威廉·马杜克斯（William Maddux）及其同事发现，模仿对方的举止（如身体动作）可以改善谈判结果。[9] 在在线谈判中，语言模仿（即模仿对方的说话方式）同样能改善谈判结果。

镜像启发式：模仿谈判对手的举止和语言。

镜像模仿在谈判开始而不是结束时特别有效，这是该启发式的生态理性条件，突出了第一印象的重要性。[10] 这一过程类似于人类与他人共情的基本能力，可能是受到镜像神经元的辅助。[11]

互惠启发式

"互惠"是一种特定形式的模仿，其模仿对象是行为的发起者。这体现在"给予和接受"（give-and-take）的行为中：一方给予某物，另一方接受；然后角色互换，另一方模仿这个行为，也给予某物。

互惠启发式：当别人对你做出某种行为时，你也应对他们做出类似的行为。

积极互惠是指当我们获得有价值的东西时，给予回报；而消极互惠则指他人以某种方式伤害我们时，我们以报复回应。积极互惠被认为有助于创造社会资本，因为长期的平等给予和接受构成了社会交换和信任的基础。[12] 假想两个邻居交换了价值 20 美元的礼物。乍一看，这似乎是零和交换，每个人的状况与交换前一样。但在更深层次上，两人都收获更多：他们加强了彼此的联系，并建立了如果一方帮助了另一方，另一方也会回报的信心。通过这种方式，邻居之间建立了信任，并创造了社会资本。如果这种互惠行为在不同的人群中反复发生，整个社区或社会的信任水平就会提升，从而让每个人都受益。许多社会已经制定了具体的互惠规则，指导在不同情况下应该如何回应。在像日本这样注重礼物文化的社会中，互惠从小便被不断实践和传授，成为深深植根于社会关系中的启发式。[13]

互惠在谈判中同样扮演着重要作用，通常表现为双方的相互让步和回报。即使是像盖蒂石油公司创始人保罗·盖蒂（Paul Getty）这样的强势谈判者，也深谙此理，他曾说："我父亲告诉我：'你绝不能试图将交易中所有的钱都拿走，也要让对方赚点钱。因为如果你总是把所有的钱都赚走，别人就不愿意和你做交易了。'"[14]

互惠性让步是一种有效的策略，能够逐步促成双方达成协议。[15] 设想一个卖家开价 4000 美元出售二手钢琴，而买家只愿意出 3000 美元。他们该如何达成协议？如果双方都坚持自己的价格，很可能导致另一方放弃，交易无法达成。他们也可以直接折中，但这也有风险：如果买家提议 3500 美元，卖家可能会还价 3750 美元。为了避免这种不理想的结果，谈判者通常采取较小幅度的互惠让步。例如，卖家可以将报价降至 3800 美元，而买家则提高到 3200 美元。谈判者通常会随着时间推移缩小让步幅度，从而向对方发出明确信号，表明他们正在接近自己的底线价格。[16]这种"谈判舞蹈"会持续到双方达成一致。尽管这种方法看起来效率不高，但在不确定的情况下却非常有效。

互惠性让步启发式：回应对方的让步，直到双方达成互相接受的协议。

互惠性让步启发式在双方初始出价与公平市场价值接近时效果较好。然而，如果一方的初始出价极端，另一方的初始出价适中，互惠性让步将导致交易对前者有利，或让交易无果而终，因为后一方可能不愿继续回应让步。

信任与诚实困境

信任与诚实困境进一步展示了互惠启发式与满意启发式结合的力量。诚实困境指的是在与对方交流时，决定自己应有多诚实和透明。信任困境则是诚实困境的反面，涉及决定应该多信任对方。这个困境在于，如果完全信任对方的言辞，可能会被狡猾的谈判者利用；但如果完全不信任对方，则两方几乎不可能达成协议。

在某些情况下，信任与诚实困境可能并不存在。例如，当谈判者过去多次达成协议并且始终履行承诺时，便有充分理由预测他们这次也会继续信守承诺。但如果双方的互动经验有限，尤其是在他们从未有过谈判的情况下，困境又该如何打破呢？一个可行的解决方案是采用"逐步互惠"的方式：先透露一些敏感信息，给对方一些信任，然后观察对方是否表现出可信赖的行为。例如，一方可以透露自己因时间紧迫，需要尽快达成协议。如果另一方也表示他们希望尽快达成一致，而不是试图利用这种局面,这就是他们值得信任的信号。随着时间的推移,谈判者可以多次采取这样的步骤,直到双方都对彼此的信任感到满意。

界定清晰的博弈

到目前为止,我们讨论了在现实大世界中表现良好的谈判启发式。然而,大多数谈判研究发生在所有可能的行动及其后果都是确定的小世界中。这在合作与冲突管理的博弈实验研究中尤为常见。那么,启发式在小世界中的表现如何呢?当我们中的一位(雷越恒)在亚利桑那大学读博士时,一些实验经济学家,包括阿姆农·拉波波特(Amnon Rapoport)和弗农·史密斯(Vernon Smith,他因在实验经济学方面的开创性工作于2002年获得诺贝尔经济学奖),经常在经济科学实验室做实验。作为参与者,我们会收到详细的实验说明,有时长达数页,并且只有在做对理解测试题后才能继续实验。在所有情况下,金钱激励都与我们的决策结果紧密相关。这是因为在博弈论中,决策者明了规则和激励机制非常重要。此外,所有参与者不仅要了解每个玩家的所有选择和收益,还须知道其他玩家也掌握相同的信息。这被称为共同知识(common knowledge),其目的是确保实验处于小世界环境中。

尽管钦佩研究人员的努力,作为实验被试,我们经常有除了赚钱之外的其他目标,主要是尽快离开实验室回到我们的办公桌前。经过几次实验后,我们注意到被试之间的收益差异很小(因为我们彼此认识，所以能够在事后比较结果）。此外，收益的控制也相对有限，不仅取决于自己的选择，还依赖于他人的选择。因此，在玩过几次这些游戏后，对某些被试而言，主观上的"理性"策略是快速做出选择，减少在实验室的时间，因为预期收益大致相同且变化不大。这些实验通常得出被试行为不符合理性选择理论预测的结论。然而，具有讽刺意味的是，我们可能比研究人员认为的更理性，因为我们花了最少的时间以获得不错的收益。

这个例子至少说明了三点。首先，在一个小世界中，最大化——或者在这种情况下，最小化所花的时间——是可能的。其次，即使在选项明确的小世界中，也几乎不可能控制所有人们在意的因素。我们不仅关心金钱收益，还关心时间。这在数据分析中没有被囊括。最后，为了减少时间消耗，实验被试可以使用简单的启发式，包括随机选择、合作选择和选择第一个出现的选项。在选择对收益影响不大，且两者关系不确定的情况下，这些启发式是生态理性的。因此，尽管原则上小世界中存在最优解，我们仍依赖简单的启发式。根据决策目标的不同，即使在小世界经济博弈中，这些启发式也比高度复杂的策略表现更好。

以牙还牙

"囚徒困境"是个著名的博弈游戏（见图 7-1）。[17] 在这个游戏中，两名共犯被分别审问。如果两人都保持沉默（即合作），由于证据较弱，两人都会被轻判。如果两人都坦白（即背叛），他们都会被指控并面临更长时间的监禁。如果只有一人坦白，则坦白的人将被释放，而保持沉默的人将受到更严厉的惩罚。在这种情况下，无论对方的选择如何，从经济理性的角度看，坦白似乎总是最佳策略。然而，这会导致一个矛盾且不理想的结果：两人的处境都比保持沉默时更糟糕。

	玩家B 合作（沉默）	玩家B 背叛（坦白）
玩家A 合作（沉默）	(-1, -1)	(-3, 0)
玩家A 背叛（坦白）	(0, -3)	(-2, -2)

图 7-1 囚徒困境博弈示例

注：以牙还牙启发式可以胜过高度复杂的策略。在囚徒困境博弈中，双方要么背叛，要么合作。双方都有背叛的动机，因为无论另一方做什么，背叛都会带来更好的结果。但是，如果双方都背叛，他们得到的结果（-2）会比双方都合作的结果（-1）更差。在多轮迭代版博弈中，简单的以牙还牙启发式（即一方先合作，然后模仿上一轮对手的决定）表现出色，屡屡击败高度复杂的策略。

在该游戏的多次迭代版本中（即两方反复进行游戏），没有理论能明确最佳行动策略。然而，在多个计算机模拟竞赛中，一个简单的启发式表现出意想不到的优秀效果。

以牙还牙：首先合作，然后模仿对手上一轮的行为。

这种启发式建议先友善合作，然后模仿对方的行为。它基于两个原则：合作和模仿。尽管其非常简单（或者说正因为其简单性），但以牙还牙在与各种更复杂的策略竞争后，赢得了多个计算机模拟竞赛。[18] 因此，即使在囚徒困境这样的小世界中，简单的启发式也能表现出色，并且极具稳健性，能够有效对抗其他多种策略。

对以牙还牙策略的生态理性研究发现，这一策略在某些情况下表现不佳，比如当对方出现反应错误时。此时，我们可以使用一种比以牙还牙更宽容一点的策略，即原谅对方的第一次背叛，遭遇第二次背叛后再报复。另一种替代选择是"赢则留，输则换"，即如果上一轮的选择导致好的结果，则重复该选择；否则，改变选择。这个方法同样很有效。[19] 此外，对于许多双人对称博弈（即两个参与者的博弈规则完全相同）而言，如果对手在上一轮的策略是成功的，那么模仿对手的行为通常是一种无懈可击的策略。[20] 不过，在像石头剪刀布这样的游戏中，模仿策略的效果则会很差，这揭示了其生态理性的边界条件。

1/N法则

下面再说一下另一个小世界博弈：最后通牒游戏（见图7-2）。在这个游戏中，一方（提议者）从实验者那里获得一笔钱（如10美元）。提议者随后需要向另一方（接受者）提出一个0~10美元的任意金额。接受者可以选择接受或拒绝。如果接受，双方则按提议分配；如果拒绝，双方则都拿不到钱。经济学理论给出了两个明确的预测。首先，接受者应该接受任何大于零的金额，因为有总比没有好；其次，基于第一点，提议者只需提供1美分或其他最低金额，将剩余的钱留给自己。

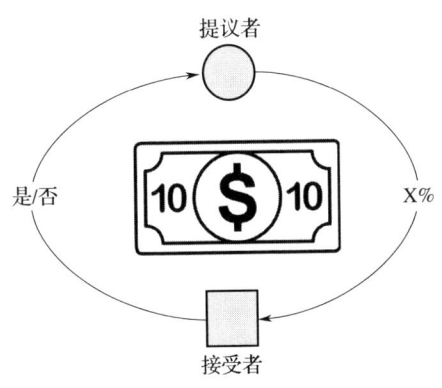

图 7-2　最后通牒博弈示例

注：$1/N$ 和 $1/N-\delta$ 启发式描述了最后通牒博弈中的实验被试行为。在这个博弈中，提议者向接受者提出给定金额（如10美元）的一部分，接受者可以接受或拒绝提议。如果接受者拒绝，双方都拿不到钱。根据经济理性假设，接受者应该接受任何高于零的提议。但实证结果却大相径庭：接受者通常会拒绝1美分或其他高度不公平的提议。同样，提议者也很少提出不公平的报价，最常见的提议是 50%（$1/N$）或略低于 50%（$1/N-\delta$）。

然而，如许多研究显示，大多数人并不遵循这种自私的策略。[21] 提议者通常不会只提供1美分；同样，接收者常常拒绝1美分和其他小额提议，认为这些提议不公平。想想看：你会接受这样微不足道的提议吗？我们的一个朋友曾试图在最后一刻出售一张相当昂贵的歌剧票，一位穿着考究的男士在大门即将关闭时，向她提出了一个荒谬的低价。我们的朋友非常生气，当场把票撕了。

为了解释人们在这个游戏中的行为，研究者提出了非常复杂的效用最大化模型，如不公平厌恶模型。[22] 然而，就像大多数效用最大化模型一样，这些模型本质上是假设性的（as-if）。也就是说，它们并不旨在描述人们在最后通牒游戏中（或者我们朋友的情况中）的实际决策过程。这些模型因此遭到了批判，认为它们无法预测实验被试的选择，只能在事后将模型参数与被试数据进行拟合。[23]

实验研究中最常见的分配提议是50%（在我们的例子中即为5美元）或稍低，这个金额几乎总会被接受。因此，实验被试的决策可以用一个简单的均衡启发式解释：作为提议者，提供一个公平的金额；作为接受者，拒绝任何不公平的金额。这个金额可以通过$1/N$法则确定：将总金额平均分配给所有参与者。或者，提议者可以使用$1/N$减去δ的法则：首先平均分配金额，然后从提议中扣除一个小额δ。

谈判中的生态理性

在我们开篇例子提到的电影《王牌对王牌》中，凯文·史派西（Kevin Spacey）饰演与人质挟持者丹尼·罗曼对峙的资深人质谈判专家克里斯·萨比安（Chris Sabian）。在影片引入萨比安的场景中,他试图调解妻子和女儿之间的冲突,但未能成功。于是,他沮丧地喃喃自语:"我曾经劝服一个人放弃炸毁西尔斯塔,但我却无法说服我的妻子离开卧室,或者让我的孩子挂断电话。"他的妻子讽刺地回应:"那是因为没有人拿着枪站在你身后。"

这个场景展示了谈判技巧的情境性:尽管萨比安是纽约警察局有着辉煌纪录的顶尖人质谈判专家,他在与妻子和女儿的谈判中却显得束手无策,因为这完全是另一种情境。虽然我们已经看到谈判启发式在大世界和小世界中都表现良好,但它们并不是万能工具,只有在特定情境下才表现出生态理性。

以均衡启发式为例。在谈判中,将固定利益平分和各退一步是关键的启发式策略。一项研究表明,遵循均衡法则不仅能帮助达成满意的结果,还能让谈判双方感觉更加公平,从而建立更长久的合作关系。[24] 然而,在追求双赢的整合性谈判中,使用各退一步策略可能会导致双方错失利益。在这种情况下,谈判者可以通过交换各自重视的利益来获得更好的结果,比如使用互通有无启发式。[25] 因此,在分配性谈判中,使用均衡启发式更具生态理性;而在整合性谈判中,使用互通有无启发式更具生态理性。

现在考虑另一个问题:在谈判中,谁应该先开价?有人建议永远不要先开价,而另一些人则建议相反的做法。这两种建议都有合理的论据。例如,先开价可以通过设定锚定点占据优势。[26] 而让对方先开价则有利于试探他们的意图,尽管对方可能会提出一个低锚定点价格。那么,谈判者该如何决定?这取决于具体情况:当首次报价透露了双方偏好的一致性时,先开价更容易导致不利后果；因此，在这种情况下，让对方先开价可能更有利。[27]但首次报价如果被认为过于极端，也可能会引起反感。例如，谈判学者马丁·施魏因斯贝格（Martin Schweinsberger）及其同事发现，极低的首次报价会惹恼对方。权力较低的一方还可能因此退出谈判，导致谈判陷入僵局，而权力较高的一方则更可能继续谈判。因此，在与强势对手谈判时，提出极端报价可能更好，但在与弱势对手谈判时则应避免。[28]

现实世界中的谈判

如果你曾逛过集市，你会知道讨价还价不仅是可以接受的，而且是理所当然的。事实上，不讨价还价可能被视为不礼貌的行为。因为它可能传递出一个信号：你认为对方不值得花时间交流。吉仁泽曾经和朋友一起逛威尼斯的一家吹玻璃工坊。他的朋友看中了两盏异常美丽且昂贵的灯罩，并请求吉仁泽替她谈价。于是，吉仁泽开始与店员讨价还价，在称赞其产品精美的同时，将价格砍了一半。经过大约五分钟的出价和还价后，店员认可了吉仁泽的讨价能力，将他引荐给了店主。接下来，双方边喝茶边寒暄，互相称赞买家的品位和灯罩的美丽，价格也慢慢接近，直到双方的报价基本接近，不再有让步的空间。此时，双方都享受到了讨价还价的乐趣，以至于都不愿意让交易告吹。最后，店主提议用掷硬币的方式打个赌。如果吉仁泽赢了，他可以按自己的出价买到灯罩；如果店主赢了，交易就按照店主的要价成交。这个提议让店员们非常兴奋,因为他们似乎从未见过老板出此"绝招"。结果硬币掷出了店主赢的一面。无论交易结果如何,双方都享受了这场愉快的谈判,这比结果本身更让人满足。

商学院的谈判课程通常会对现实世界中多姿多彩的谈判进行简化抽象,采用如"帕累托最优"等优雅的理论概念解决谈判问题。相比之下,老练谈判者会灵活地运用他们的适应性工具箱,根据谈判情境(例如分配性谈判与整合性谈判)及所面对的谈判对象,选择不同的谈判启发式。这并不意味着他们忽视分析。相反,他们会为谈判做规划,尽量收集对方的信息,并分析所处的谈判情境,以确定哪些启发式更符合生态理性。老练谈判者深知,分析方法和启发式都是达成更好谈判结果的有效工具。

8 打造更好的团队和社群

从产品生产线到执行董事会，当代组织中的大部分工作和决策都由团队完成。那么，组织该如何打造高效的团队呢？作为科技领域的领军企业，谷歌的高级管理层认为他们在解答这个问题上拥有独特的优势：员工数据，而且是海量的。针对团队构建问题，谷歌在2012年启动了"亚里士多德项目"（Project Aristotle）。项目团队收集了180个谷歌团队的大量数据，甚至细致到谁和谁共进午餐，并对这些团队成员进行了深入访谈。公司高管们最初的设想是，挑选最有能力的人并把他们组合在一起，就能打造出最强团队。然而，无论他们怎么分析数据，都没有证据表明团队成分很重要。项目负责人阿比尔·杜贝（Abeer Dubey）总结道："我们收集了大量数据，但没有证据表明特定的人格类型、技能或背景的组合会带来明显不同。团队由谁组成似乎并不重要。"[1]

面对这个结果，项目团队不得不跳出数据以寻求灵感，他们很快在一项发表于《科学》杂志的研究中得到了启发。[2] 在该研究中，研究者分析了大量小规模团队，发现了优秀团队的两个共同特征。其一是同理心：优秀团队的成员往往更善于觉察他人的感受，并与之共鸣；其二是一个简单的沟通法则：每个团队成员发言的时间大致相等，以确保每个人的意见都能被听到。受这一发现的启发，亚里士多德项目团队重新检查了数据，不出所料，在谷歌的高效团队中也发现了这两个特征。第二个特征本质上是 $1/N$ 启发式在团队沟通中的应用：

> 团队沟通中的 $1/N$ 启发式：给予每个成员大致相同的发言时间。

尽管工作团队的成员在许多方面可能存在差异，但平等对待每位成员可以让他们感受到归属感和尊重，激励他们主动积极地为团队做贡献，同时也有助于维持和谐的团队关系，这反过来又能促进成员之间的协作，提高团队绩效。

亚里士多德项目的经验表明，如果没有明确的方向，仅靠在大数据中搜索难以获得有效成果。在团队合作和群体协作的研究成果指引下，本章将探讨一些可帮助团队和群体克服障碍、达到目标的简单启发式。

促进有效协作的启发式

团队通常由两个或更多担负不同职责的个体组成，他们通过互动和彼此依赖来完成任务，达到共同目标。[3] 亚里士多德项目的结果表明，在所有成员都达到基本资格要求的前提下，团队成员之间的互动方式可能与团队成员构成同样重要，甚至更为重要。除了1/N启发式，团队还可以开发一个启发式工具箱，用以促进协作并提升互动质量。这个工具箱里包括前几章介绍的一些启发式，比如先听后说、模仿成功者、互惠原则以及以牙还牙。接下来，我们将介绍另外几种有助于团队高效协作的启发式。

对于新组建的团队，组织心理学家爱德华多·萨拉斯（Eduardo Salas）和他的同事们推荐一个名为"早见成效"（early wins）的启发式。[4] 具体来说，他们建议公司为新团队先分配一些简单的任务，让成员可以迅速体验到作为一个整体取得的成就感，从而增强他们对团队的归属感和信任感。另一条建议则是团队领导要和任务相互匹配：当任务常规且相对容易时，由单一领导者负责通常更符合生态理性；而当任务具有挑战性且需要大量协调时，将领导责任分散给多个团队成员往往更有效。

团队往往会同时处理多个任务。在这种情况下，团队的领导者和成员可能感到应接不暇，难以掌控整体进展。乔尔·斯波尔斯基（Joel Spolsky）是多家科技公司（比如Stack Over-flow）的创始人，他提出用"五项法则"来管理团队任务。[5] 具体而言，在会议中，他希望每个团队汇报五件事：两个正在进行的任务，两个接下来要执行的任务，以及一个外界可能认为他们在处理但实际上他们没有打算处理的任务。通过这种方式，斯波尔斯基和他的团队能更合理地确定任务优先级、保持专注并提升沟通效果。

团队协作需要成员之间的配合，这通常需要时间来培养；同时，团队也受益于新鲜的想法，而引入新成员往往是产生这些想法的最佳途径。管理学者布莱恩·乌兹（Brian Uzzi）在分析 9 万多篇学术文章的基础上，提出用以下法则来组建一个高效协作的团队："团队中应该有 60%~70% 的成员是现有成员，同时 50%~60% 的团队成员之前曾经共事或合作过。这种配置可以在四个截然不同的科学领域中达到最佳的合作效果。"[6] 这个法则为如何平衡经验与创新提供了指导，对于管理许多其他类型的团队，比如体育团队和高管团队，也具有重要的参考价值。

除了现有成员和新成员之间的适当平衡外，团队的规模也需要适中。如果成员太多，团队的协调就会难以进行；如果成员太少，则团队可能没有足够的资源来完成任务。比起依赖复杂的公式进行优化，商业从业者和研究人员都更推崇利用简单的启发式来确定团队规模，例如杰夫·贝佐斯提出的那个著名的"两份比萨法则"。[7]

两份比萨法则：团队规模不应超过两份比萨能喂饱的人数。

这与产品设计师艾琳·卡萨利（Erin Casali）提出的"圆桌规则"类似：理想的团队规模是能让所有成员围坐在一张圆桌旁，专注讨论同一个话题。[8] 以上两条法则都将团队规模定为个位数左右，这与一些全球最有影响力的小型委员会的情况一致，如美国最高法院、中共中央政治局常委以及财富 100 强公司的执行董事会。这些法则也得到了研究的支持。在对 329 个营利性和非营利性组织的团队研究中，组织学者苏珊·惠兰（Susan

Wheelan）发现，3~8人的团队在生产力、谈判和冲突管理方面的表现优于9人及以上的团队。

小团队为何有效？

团队通常出于两个原因而成立：一是需要成员在知识、技能和信息上的多样性，二是多人的协作效果。这两方面使得团队能够完成个人难以完成的任务。随着团队规模的扩大，团队的多样性往往会增加，这有利于提高绩效。然而，团队越大，协调、沟通和维持凝聚力的难度也越大，反而可能降低绩效。因此，理想的团队规模既不能太小，也不能太大，而应介于两者之间。心理学家克莱德·库姆斯（Clyde Coombs）提出的"单峰偏好函数"理论对此做出了解释，该理论揭示了许多人类行为背后的规律。

在单峰函数中，当一个自变量（例如团队规模）增加时，因变量（例如绩效）的值会先增加，达到峰值后再下降。受动机研究中的"趋避冲突"（即人们在面对一个既有吸引力又有负面后果的选择时，会同时感受到趋近和回避的动力）启发，库姆斯发现，自变量的增加往往会对因变量产生两种相反的作用，一种是积极的、持续增加的（例如多样性），另一种是消极的、持续递减的（例如组内协调）。这个拉锯战导致了单峰函数的出现。当积极因素会达到饱和（即收益递减）而消极因素会不断加剧（即变得越来越糟）时，单峰函数必然发生。图8-1中展示了这种动态变化在团队规模效应中的体现。

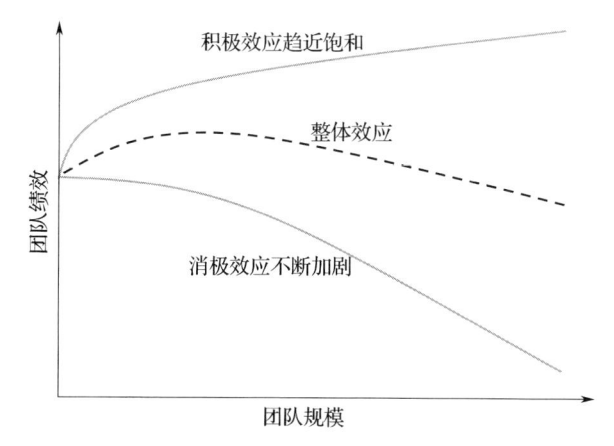

图 8-1　团队规模效应中的单峰函数示例

注：团队绩效是团队规模的单峰函数。随着团队规模的扩大，团队的多样性增加，但这种增加的收益会递减（即积极效应趋近饱和）；与此同时，随着更多成员的加入，团队成员之间的协调变得越来越困难（即消极效应不断加剧）。这两种相反力量的共同作用，使得团队规模和整体绩效之间形成了一个单峰函数（即中间的"整体效应"曲线）。

优选群体智慧的研究提供了更多支持小团队的证据。与工作团队（team）不同，一个群体（crowd）的成员可能彼此不相识或没有互动，他们的意见往往通过某种投票或统计规则进行汇总，而不是通过讨论得出。

心理学家阿尔伯特·曼尼斯（Albert Mannes）及其同事分析了美联储银行专业预测者的数据，涉及近 1.6 万份关于七项经济指标的预测。[9]他们比较了两类人群的预测准确率，一类是平均规模为 35 人的"大群体"，包括对同一指标做出预测的所有人员；另一类是"优选群体"，仅包括在过往预测中表现最好的前 k

名成员。结果发现,由 5～9 人组成的优选小群体的预测最精准。进一步分析表明,当成员的专业知识差异度适中、成员间预测结果相关性中等时,这类小群体在任务中的表现最佳,而这两个特点在现实世界任务中都很常见。

上述研究关注判断任务(例如预测明年的失业率)。那么,决策的准确性又如何呢?本书作者之一(栾胜华)收集了两项任务的数据,一项是预测美国职业橄榄球联盟(NFL)比赛中的获胜者,另一项是在两个城市中选择人口更多的那个。[10] 数据包含了 2816 场 NFL 比赛,每场比赛平均由 68 名体育记者做出预测;另有 1063 对城市,每对城市平均由 58 位普通人进行选择。按照上述预测研究的方式,研究者组建了不同的优选小群体。结果发现,九人左右的小群体做出的准确决策数量和大群体持平,有时甚至更多。而且,个体间的准确度差异越大,小群体超越大群体的可能性也越高。

在这两项研究中,研究者都使用了均衡启发式来汇总判断(单位加权)或决策(计数)。在另一项预测研究中,研究人员开发了一种复杂的方法,根据群体成员的过去表现,计算每个人的"最佳"权重。然而,他们发现,在新的预测任务中,最准确的方法是先组建一个由表现最好的六人组成的小群体,然后对他们的预测赋予相同的权重。[11] NFL 比赛和城市选择的研究也得出了类似的结论。这些结果表明,建立高效团队或群体有两个简单法则:保持相对较小的规模(控制在个位数),并使用均衡启发式来整合意见和管理团队成员间的沟通。

处理团队中的害群之马

小团队的一个优势是,它们不太容易出现"害群之马",也就是那些搭便车或破坏团队氛围的成员。但是,当团队中真的出现了害群之马时,该如何应对?这时,单一理由启发式可以发挥作用。不道德行为通常是将某人从团队或组织中除名的唯一原因。以斯科特·汤普森(Scott Thompson)为例,他于2012年1月被任命为雅虎CEO。在此之前,作为PayPal的首席技术官,汤普森深受管理层和员工们的喜爱。雅虎公司对其寄予厚望,希望他能带领公司走出困境。然而,仅仅四个月后,这一希望就破灭了,因为汤普森被发现学历造假。他声称自己拥有会计和计算机科学的双学士学位,但实际上他只有会计学位。[12] 尽管汤普森的履历和经验超过大多数计算机专业的毕业生,但这个看似无伤大雅的谎言动摇了他道德品质的可信度,并成为解雇他的充分理由。

仅仅因为在学历上撒谎就解雇一名有能力的高管的行为似乎过于严厉。从功利主义的角度来看,做决策时需要把每个选项的优点和缺点转化成一个统一的标准,然后选择得分最高的选项。这意味着所有事物都有其价值,一个缺点可以用其他优点来弥补。然而,有些品质(比如诚信)在很多人眼里无比重要,无法用金钱来衡量或与其他利益交换。心理学家菲利普·泰洛克(Philip Tetlock)将这些称为"神圣价值观"。当人们发现有人违反或试图违反这些价值观时（例如，将自己的孩子卖掉，或故意不召回危险产品），他们通常会感到愤怒，即便不施加更严厉的处罚，也经常会毫不犹豫地与违反者断绝联系。正如泰洛克所说："无论机会成本如何，有些妥协绝不该被提出，有些统计事实不应被使用，有些因果推测永远不该去想象。"[13]

违犯神圣价值观可以成为结束一个社会关系的充分理由。然而，在团队互动中，较小的违规行为，例如未履行承诺或表现不佳，则更为常见。在这种情况下，该如何决定是否原谅对方呢？在栾胜华参与的一项研究中，实验被试被要求回忆过去六个月中受到伤害的经历，汇报他们是否已经原谅对方或希望原谅对方，并根据三个因素对冒犯者进行评分。这三个因素是：意图（是否故意犯错），责任（是否直接造成了伤害或是否有能力避免伤害），以及歉意（是否提供了真诚的道歉）。[14] 这些因素在以往的研究中与原谅决策高度相关。

结果发现，具有不同结构的快速节俭树可以很好地解释实验被试如何做出原谅的决定。图8-2显示了两种决策树：一种非常"宽松"（即导致原谅决定的条件较少），另一种则更"保守"。被试采用的决策树类型与他们对关系价值和冒犯者潜在的剥削成本（即与对方交往可能带来的损害或风险）的判断高度吻合。例如，被试会在关系价值高时（如面对老板），采用宽松的决策树，而在剥削成本高时（如面对有虐待倾向的伴侣），选择保守的决策树。需要注意的是，在保守的决策树中，伤害意图被视为违反神圣价值观，会直接导致"不原谅"的决定，但在宽松的决策树中则不一定如此。

在社会交往和团队环境中，缺乏某种品质或行为（例如道歉）常常成为构成排除依据的单一巧妙启发式。在 HBO 热播剧《黑道家族》中，黑帮老大托尼·索普拉诺（Tony Soprano）和他手下打牌。托尼讲了一个蹩脚的笑话，镜头通过慢动作显示了所有手下都在假笑，假装喜欢这个笑话，只有一个叫费奇的老帮派头目没有笑。托尼立即推断出两个结论：首先，他依然是帮派的主导人物，大多数手下对他又敬又怕；其次，费奇不笑的行为证实了托尼的怀疑，即费奇从未真正把他当作老大。几天后，托尼指使手下以入室盗窃罪陷害费奇，将他送进监狱。

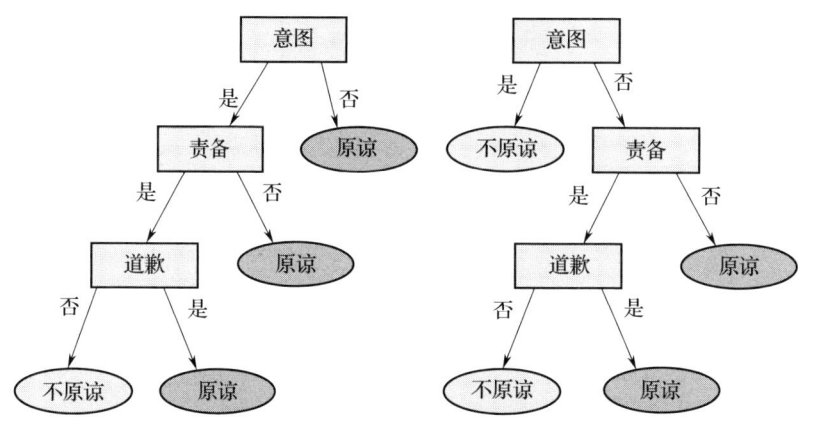

图 8-2 两种用于决定是否原谅冒犯者的快速节俭树

注：两种用于决定是否原谅冒犯者的快速节俭树。采用左侧决策树的人较为宽松，更容易原谅冒犯者；而采用右侧决策树的人则更加保守，至少需对方不是刻意伤害才可能原谅。基于 Tan、Luan 和 Katsikopoulos 的研究（2017）。

管理虚拟和众包团队

本书的三位作者来自两大洲的三个国家。视频会议和文件传输工具为我们的合作提供了巨大帮助，这也是无数虚拟团队日常工作中常用的工具。虚拟团队指的是成员分布在不同地理位置、通过通信技术进行协作的团队。随着高速互联网和先进协作工具的发展、商业全球化的推进以及自然灾害与疫情带来的挑战，虚拟团队已经相当常见。尽管许多能提升面对面团队绩效的启发式也适用于虚拟团队，但虚拟团队在沟通、建立信任方面通常面临更多困难。这些新挑战需要新的解决方案。

一个常被推荐的法则是：虚拟团队应尽可能找机会面对面交流。[15] 这一法则其实适用于所有团队，只是对于刚成立的、成员彼此不熟悉的团队尤其有用。这是因为面对面会议提供了虚拟交流中通常缺失的关键信息和线索。其他对虚拟团队有用的法则包括：（1）立即开始工作，避免由于沟通和解决技术问题而导致的工作延迟；（2）明确回应已阅读他人的消息，确保团队成员之间的共同信息有效传递；（3）明确说明自己的想法和行动，减少模糊性和猜测，因为这些因素会损害团队凝聚力；（4）设定截止日期并严格执行，以提高成员间的责任感和信任度。研究表明，遵循这些规则的虚拟团队成员更容易建立信任，并且对彼此的好感度更高。[16]

简单法则在另一种依靠技术的协作形式中同样有用：众包（指通过互联网将任务分配给大众，让他们共同完成任务的方式）。在第 6 章中，我们已经看到乐高通过包含版税分成的激励计划，成功刺激了业余设计师留在众包团队中并做出贡献。其他众包项目则依赖于无偿志愿者。以可能是互联网上最著名的众包项目维基百科为例。从管理角度看，维基百科使用了"共识法则"来决定页面编辑是否被接受。[17] 具体而言，在没有争议的情况下，页面被默认为已获得了共识。一旦发生争议，首先会建议编辑者通过反复修改或相互讨论来寻求妥协；只有当无法达成妥协时，才会引入外部干预，比如第三方意见或仲裁。这套法则体现了维基百科去中心化的决策方法，使其在资源相对有限的情况下依然高效运作。对于维基百科的众包志愿者，达伦·洛根（Darren Logan）及其同事提出了十条编辑启发式，包括：不得侵犯版权；引用、引用、再引用；避免自我推销；分享专业知识；以及不要依赖权威等。这些法则鼓励编辑者保持诚实、真实和谦虚的态度，增加了编辑者间的信任，也增加了页面内容的可信度。[18]

防止公地悲剧的智能启发式

个人和团队往往在更大的社区中存在和运作。一个社区要想蓬勃发展，关键在于不同单位之间的合作。这需要各单位通力合作，协调行动，并在必要时为共同目标做出牺牲。同时，不同的单位也会在有限资源（如注意力、权力和市场份额）上相互竞争。如何平衡这种竞争和合作之间的冲突，自古以来就是一个难题。罗伯特·阿克塞尔罗德（Robert Axelrod）关于重复囚徒困境博弈的研究表明，以牙还牙启发式是一种简单却非常强大的策略，能够维持合作关系，防范破坏性行为（见第7章）。

埃莉诺·奥斯特罗姆（Elinor Ostrom）是2009年诺贝尔经济学奖得主，她的大部分研究旨在探索社区如何避免"公地悲剧"。公地悲剧是指个体为最大化自身利益而过度使用公共资源，最终导致资源枯竭或严重破坏的现象。公共资源可以是用于种植农作物的水、从湖中捕捞的鱼或被工厂污染的清洁空气。为了防止这一悲剧，通常需要中央治理的介入。然而，这种方法往往过于复杂和僵化，容易忽视当地情况的特殊性——换一种说法就是，有悖于生态理性。奥斯特罗姆相信人类群体中自发涌现的智慧，因此她提出了一种不同的思路，即试图理解现实世界中的社区如何解决公共资源问题，并从成功案例中学习。在她的著作《公共事务的治理之道》中，她总结了不少古今文化中有效管理资源的实例，其中的许多实践可以总结为智能启发式，以下是两个例子。[19]

越冬法则

托贝尔（Törbel）是位于瑞士瓦莱州的一个山村。几百年来，村民们在自有土地上种植谷物、蔬菜、水果和冬季饲料的干草，并在公有土地上伐木和饲养家族所有的奶牛。由于奶酪制品是村民们的主要收入来源，夏季牧场上的奶牛放牧管理一直是个重要问题。一份 1517 年的文件中规定了一条放牛上牧场的简单法则。

越冬法则：每个村民放入高山牧场的牛的数量不得超过其在冬季能喂养的牛的数量。

这项法则透明、公平且易于执行，因为牧人们会互相监督。任何人被发现送入超过规定数量的奶牛，都将被处以重罚。至少在 20 世纪 90 年代之前，越冬法则在托贝尔和许多其他瑞士村庄一直在执行。

轮流法则

在 20 世纪 70 年代，土耳其阿拉尼亚的渔业面临严重危机。多年无节制的捕捞活动使渔民之间产生了敌对和冲突，因为大家都想在最佳地点捕鱼。这不仅减少了鱼类资源，还增加了每艘渔船的运营成本，并让捕获量充满不确定性。当地渔业合作社的成员决定结束这个混乱局面。经过十多年的反复尝试，他们制定了一套可概括为"轮流"的法则。

轮流法则：成员按照一致同意的分配规定，轮流使用共同资源。

该法则在捕鱼季节的实施方式如下：每年 9 月，所有可用的捕鱼点都会被标记并列出，然后随机分配给符合条件的渔民。从 9 月到来年的 1 月，每位渔民每天向东移动到下一个地点，从 1 月到 5 月则向西移动。这确保了所有渔民都有平等的机会捕捞鱼类，因为鱼群在 9 月到 1 月期间从东向西迁徙，而 1 月到 5 月则反向迁徙。这条法则同样透明、公平且易于实施。结果，渔民们停止了争斗，甚至自觉减少了过度捕捞，因为捕获量变得稳定，足以满足每个人的需求。

其他基于轮流法则的分配方法也见于世界其他国家的村庄中，如西班牙和尼泊尔的灌溉系统，和日本的野生植物采摘分配。除了公共资源问题，轮流法则还被广泛应用于解决冲突和分工，比如在商业场所为客户提供服务；在采访、辩论和谈判中发言；离婚父母的子女抚养权安排；以及组织内的工作分配。

自 1946 年成立以来，联合国安理会的主席每月在 15 个成员国之间轮换产生。自 2011 年起，中国科技巨头华为的三位高管轮流担任公司 CEO，每次任期为 6 个月。此外，许多公司都有岗位轮换计划，将员工派往不同的部门或分支机构工作一段时间。在轮换制的众多好处中，分配公平可能是最重要的。这种制度可以增加成员对组织或社区的信任，进而提高他们的合作意愿。

抽签

像阿拉尼亚渔业的案例一样，轮流制度经常与随机抽签相结合。在彼得·斯通（Peter Stone）的《抽签的运气》一书中，他列举了许多通过抽签进行决策的例子，包括比赛和竞赛的起始位置、医疗和其他稀缺资源的分配、政府官员的选拔、大学生的录取、员工的聘用等。[20] 在美国 2022 年中期选举中，肯塔基州巴特勒市的一位候选人在与对手票数相同的情况下，通过抛硬币决出胜负，成为市长。[21] 实际上，美国有 28 个州在选票相同的少见情况下，支持采用抛硬币或其他抽签形式来决定选举结果。

在一些决策情境中，任何基于某些理由做出的决策都可能被部分人视为不公，并因此遭到抵制；这正是抽签决策所适用的任务情境。在资源或责任分配的决策中，抽签类似于 $1/N$ 启发式，为每个参与方提供平等的机会，避免了利益冲突。这使得人们更容易接受结果，避免争端，并维护社区和谐。

展望

奥斯特罗姆认为，人类社会为了规范合作，发展出了各种规则，例如轮流和抽签。就像学习语言一样，人们从小就学会了这些"社会规范语法"，即回报亲社会行为，惩罚违背行为。同样，对于一个团队或组织来说，尽早建立规则至关重要，这有助于增强成员的凝聚力，并鼓励合作行为。其中，简单且透明的规范特别有效，因为它们易于传达、学习和调整，更重要的是，它们能够很好地应对不确定性。

从狩猎团队到虚拟群体，人类团体的形式不断演变。随着虚拟现实、现实增强和神经科学的发展，未来必然会出现新的沟通方式和团队类型。正如史蒂夫·乔布斯（Steve Jobs）所言："技术并不重要。重要的是你要相信人，相信他们本质上是善良和聪明的。只要给他们工具，他们就能用这些工具做出惊人的事情。"[22] 只要人依然是团队的一员，从长期经验中提炼出的智能启发式将继续帮助团队取得惊人成就。

9　领导者的适应性工具箱

在欧洲，马克斯·普朗克学会旗下的 80 多个研究机构是从事基础研究的顶尖场所。学会的成功基于三个启发式原则。首先，研究围绕一个人而非一个领域展开。在物色一个新研究主任时，学会不像大多数大学那样先选定一个领域，然后搜寻该领域内最优秀的人才。相反，它会找寻一位杰出的研究者，然后让她/他完全自由地设定研究课题或创建研究领域。这被称为"哈纳克原则"，以 1911 年任命的学会首任主席阿道夫·冯·哈纳克（Adolf von Harnack）命名。[1] 第二个原则是长期投入并承担相应的风险。为了鼓励冒险，学会为研究主任们提供必要的资源直到其退休，从而使他们不被束缚于申请短期基金的压力和应对平庸的基金评审人员的意见。这种长期资助反映了非同寻常的信任。第三个原则是重视跨学科研究，因为新思想往往需要打破学科间的传统界限。

当吉仁泽获邀担任马克斯·普朗克心理研究所的主任时，他面临着一个管理挑战。尽管学会的三个原则鼓励创新，但没有提供管理研究团队的具体指导方针。如何创建一种信任文化，既能促进友好且严谨的讨论，鼓励冒险与相互学习，又能培育良性的错误应对文化？为此，在开启他的"适应性行为与认知"（Adaptive Behavior and Cognition，ABC）研究中心之前，他设计了一套启发式法则：[2]

- 对共同主题的多学科融合。确定一个共同研究主题（即不确定性下的启发式决策），并汇集心理学、行为经济学、管理学、机器学习、数学、行为生物学和其他领域的研究者，开展以问题为导向的研究。
- 开放文化。创建一个持批判态度但尊重他人、以事实为导向、不受权力等级影响的讨论文化。要确保批评针对的是观点，而不是个人。
- 空间接近。将团队所有成员安排在同一层楼，保持办公室门敞开，并在每天下午4点举行茶歇，以促进个人和专业的交流。
- 时间接近。让研究团队的所有成员同时进组，创造一个公平的竞争环境，减少老成员和新成员之间的地位差异。

这些法则有助于成功启动ABC研究中心。但为了保持开放文化，需要对这些法则不时进行调整，并引入新的法则。例如，时间接近法则在开始时很重要，但在之后可能会产生负面影响。团队文化往往通过隐性学习得以传承，即使最初的成员已经全部离开，文化仍会存在。然而，如果所有成员同时被新成员替换（即继续应用时间接近法则），这种文化可能会消失。相比之下，空间接近法则对于维持开放文化仍然至关重要。当 ABC 研究中心发展到大约 40 名成员（包括副教授、助理教授、博士后、博士生和支持人员）时，建筑师提议为新成员建造一栋新楼。为了保持空间接近，主任否决了这个提议，转而建议将现有建筑水平扩展，以便所有人仍能在同一楼层工作。为了长期保持创新，以下启发式被证明是有效的：

- 确保团队中总有一个"忤逆者"。为了避免团队成员陷入群体思维的诅咒，必须有一个敢于质疑他人及主任、坚持以证据为基础、扮演"魔鬼代言人"角色的人。存在多个忤逆者的效果可能更佳，尽管这些人有时可能会让人感到不悦，但他们实际上可以提供巨大的价值。
- 蛋糕法则。如果有论文发表，第一作者要请整个团队吃蛋糕。一些院校用现金奖励发表论文的研究人员，而蛋糕法则采取了相反的做法：研究人员不仅没有获得奖金，还要回馈团体内其他成员。这种反向的激励方式，彰显了大多数想法源于整个团队的群体智慧，强调了团队内部的分享而非竞争，这对团队式研究至关重要。

领导者的启发式工具箱需要根据具体的组织环境进行调整。领导者采用的启发式将决定团队的文化、沟通风格以及创新和成长的可能性。采取符合生态理性的领导力启发式，不仅对管理科研中心至关重要，对管理工作团队、组织机构甚至一个国家也同样重要。尽管启发式决策已被证明在速度、节俭、准确和透明性上有明显优势，大多数领导力理论却出乎意料地很少关注领导者如何利用启发式做出有效决策。为了更好地讨论领导力启发式，我们首先需要简要回顾这些领导力理论。

领导力理论概述

进化领导力理论将人类的领导和追随领导策略追溯到史前时期。该理论认为，许多这样的策略出现在更新世时期，当时人类生活在100人左右的半狩猎采集群体中，群体成员的地位大致平等。[3] 这些群体没有正式的领导角色，领导是"流动的、分布的、情境性的"，并由在特定领域（如狩猎或调解争端）中具有最高技能和专长的人担任。[4] 在此过程中，领导和追随领导策略共同进化，以解决社会协调问题。例如，在决定去哪里狩猎的问题上，让一位有经验的猎人作为领导者，可以迅速且准确地做出决策。

随着社区规模的扩大以及官僚机构和正式领导角色的设立，原有的情况发生了变化，最终演变为世袭领导制和贵族制。20世纪初的"伟人"领导力理论反映了这一观点，它认为伟大的领导者天生具备出色的基因特质，如支配力或智力。杰克·韦尔奇、史蒂夫·乔布斯和埃隆·马斯克就是典型例子。根据这一理论，领导者应该是男性，且是天生而非后天培养的；如果你是女性，或缺乏合适的基因，你的命运就是成为追随者。[5]

当伟人理论逐渐失去影响后,研究人员开始寻求能定义真正领导者的性格特质。其中最广为人知的模型是"大五人格",涵盖了五种主要的性格特质:尽责性、宜人性、情绪稳定性、外向性和开放性。然而,研究发现,领导者的大五人格特质与下属的工作满意度、对领导者的满意度、对领导效果的感知以及团队绩效之间的相关性几乎为零,或非常微弱。[6] 此外,大多数研究只是在分析这些变量之间的关联,而不是用大五人格预测未来表现,这可能导致过度估计大五人格的实际效果。

正如有人格心理学家批评特质理论忽视了过程和情境的作用,领导力研究者也意识到,仅从特质角度理解领导力并不可行。因此,权变理论应运而生,提出领导者应该根据具体情境确定决策方式。[7] 例如,弗鲁姆(Vroom)和贾戈(Jago)著名的权变模型认为,领导者首先要判断决策是否重要;如果不重要,接着判断团队共识对该决策是否重要;如果仍旧不重要,那么可以采取专断的决策方式,直接做出决策,而无须团队参与。[8] 不过,这些理论在学术界已经不再流行,其主要困难在于如何确定影响领导者决策的情境因素。

接下来,研究重点转向了领导风格,即领导者与他人互动中常用的行为模式,例如交易型领导、变革型领导、放任型领导或真实型领导。与大五人格相比,领导风格与领导有效性的相关性更强。然而,在那些设计更严格的研究中,比如从多个来源(领导者和追随者)收集数据并长期跟踪的研究,这个相关性仍然很小。[9] 尽管如此,领导风格一词仍然非常流行,大量关于变革型和真实型领导的书籍就证明了这一点。然而，仍有一些问题难以解决。首先，领导风格的概念较为抽象，如何在日常工作中为领导者提供有效指导？例如，变革型领导者被要求发挥"理想"的影响，但在领导者繁忙的工作日程中，这具体应该如何落实？其次，情境因素被忽略了。领导者是否应该始终采用变革型风格或交易型风格？生态理性原则和常识都表明，不同情境下应采用不同的行为，但现有领导风格理论并没有对此（即何时使用哪种风格）提供明确指引。

同样，其他领导理论也难以为领导者在日常工作中的挑战提供实用建议。[10] 比如，"领导浪漫化"理论认为，领导者实际上没有那么大的影响力，而是追随者通过浪漫化的认知，将他们塑造成几乎凭一己之力改变组织、国家甚至历史进程的形象。再比如，"领导力涌现"理论试图描述领导力如何通过人们的互动逐步显现出来。这些观点都揭示了领导力这一复杂现象的重要方面，但问题依然存在：它们如何为实际的领导者提供有效的建议？如果将领导力视为决策，并研究具体的领导启发式，就可以解决这个问题。

将领导力视为决策

美国植物学家大卫·费尔柴尔德（David Fairchild）曾讲述了一则趣事：当美国总统赫伯特·胡佛（Herbert Hoover）听到费尔

柴尔德计划去考察新奇植物时，问道："这次考察需要做决策吗？如果不需要，我也想参加。我厌倦了一整天不断做决策。我心中的天堂是一个不需要做决策的地方。"[11]

管理思想大师彼得·德鲁克（Peter Drucker）认为，决策是高管的核心任务："做决策是高管们特有的任务……做出对整个组织及其绩效和未来有重大影响的决策，定义了高管这个职位。"[12]

同样，西蒙（Simon）和马奇（March）的开创性工作确立了决策作为领导力核心职能的地位。[13] 事实上，大多数领导者每天要做出众多大小不一的决策。那么，领导者究竟是如何做决策的呢？例如，他们如何决定是将有限的时间分配给与员工开会，还是与潜在客户通话？是否应该批评员工表现不佳，以及如何批评？团队中该提拔谁？领导者依赖他们的启发式适应性工具箱做出这些和其他诸多决策。

领导者的启发式适应性工具箱

优秀的领导力由两个关键组成：一个充满经验法则的工具箱，以及快速判断出在何种情境下应用何种法则的能力。[14] 前佛罗里达国际大学校长米奇·马迪克（Mitch Maidique）认为，领导者通常有一个包含五花八门的经验法则的个人工具箱，他们从中寻求决策之道。这些法则是领导者通过自己的经验，或在观察他人中逐渐学到的智能启发式，它们是老练的 CEO 和高管们的独有财富。[15]

马迪克对20位美国大型企业的CEO进行了访谈,发现了许多领导力启发式。[16]例如,亿万富翁商人米奇·阿里森(Micky Arison)是世界上最大的邮轮运营公司嘉年华(Carnival Corporation)的前CEO和现任董事长,同时还是迈阿密热火篮球队的拥有者。他分享了这样一个领导力启发式:

招聘优秀人才,让他们自由发挥。

这一启发式类似于马克斯·普朗克学会的哈纳克原则:围绕世界级的学者组建团队,并给予他们完全的自由去开展研究。这个原则不仅能建立信任,还能推动高质量工作。招聘合适的人很重要,但提拔他们同样重要。许多公司使用以下启发式:

从内部提拔。

该启发式有助于确保被提拔者是有能力并认同公司价值观的人,因为公司可以长期观察其内部员工的表现。其他领导力启发式则涉及领导者如何与团队互动:

先听后说。

当领导者遵循这个法则时,他们是在鼓励员工公开分享他们的想法和意见。相反,如果领导者先发言,员工则可能倾向于顺从领导者的意见。这一法则不限于商业领导者。飞行员也被教导在紧急情况下要应用这个法则,以获取机组人员的坦率且无畏的意见。[17]

建设性和破坏性的领导力启发式

虽然领导力启发式有多种形式和种类，但马迪克将其分为两种基本类型：建设性和破坏性。根据启发式的可推广程度，建设性启发式可以进一步分为两类：条件性启发式和可迁移启发式。条件性启发式是专用法则，仅在狭隘的环境中发挥作用，例如在特定市场条件下，某个行业中的某家公司。而可迁移启发式则更具通用性，尽管它们也只在特定环境中通用。亚德诺半导体公司（Analog Devices）前董事长雷·斯塔塔（Ray Stata）使用的单一巧妙线索启发式就是一个例子：

如果一个人不诚实也不值得信赖，其他一切都不重要。

另一个可迁移法则的例子来自联想前首席执行官比尔·阿梅里奥（Bill Amelio）：

建立一个你可以信任的团队。

这些法则的通用性体现在它们可以在不同情境中使用，且长期有效。

并非所有的启发式都是对组织、客户或社会有利的。领导者可能会有值得怀疑的目标，并使用简单的法则来达到这些目标。马迪克称这些为破坏性启发式。例如，安然公司（Enron）前首席执行官杰弗里·斯基林（Jeffrey Skilling）的法则是："内幕交易是允许的。"而臭名昭著的投资诈骗犯伯尼·麦道夫（Bernie Madoff）在其庞氏骗局中的隐含法则是："欺骗客户，直到他们发现为止。"启发式本身并无善恶之分，关键在于领导者用它们追求的目标。

谚语作为启发式的灵感

鉴于政治、军事和商业领导者在历史上的重要作用，哲学家和民间都会给出如何领导的建议，这些建议通常以谚语的形式出现。组织学研究者马力和安妮·崔（Anne Tsui）认为，这些谚语持续影响或反映在当前的领导思维中。[18] 虽然这些谚语本身不是启发式，但它们可以被视为启发领导力策略的基础。例如，传统道家哲学中的一个著名领导力表述是："治大国若烹小鲜。"[19]这句谚语的一种解释是，在某些情况下，最好采取不作为的策略，暗示了以下启发式：

不要搅局，应无为而治。

这种启发式背后的理由是，通过"不搅动局势"而让人们自行处理问题，领导者可以避免做出有害的事情，实现"无为而治"。

传统谚语可以成为启发式灵感的宝贵来源。然而，谚语种类繁多，选择合适的谚语往往很困难。这就涉及领导力启发式的生态理性问题。

领导力启发式的生态理性

谚语不仅数量多，而且有些似乎相互矛盾。例如，谚语既说"异性相吸"，又说"物以类聚"；既说"早起的鸟儿有虫吃"，又说"好事多磨"；既说"人靠衣装"，又说"人不可貌相"。面对这些矛盾的建议，人们应该如何选择？其中关键在于对具体情境的考量。例如，道家推荐的相对被动的领导风格，可能适用于那些倾向于稳定、希望避免变革的世袭领导者。然而，这种领导方式在危机时期或动荡环境中可能并不适用。[20]

通常，领导者应当聪明且灵活地使用他们的适应性工具箱；用当前流行的词汇来说，就是要具备"敏捷性"。当环境发生变化时，过于僵化或机械化地使用领导力启发式注定会失败。一个很好的例子来自英特尔。[21] 在 20 世纪 80 年代初，英特尔尚未因其微处理器而闻名，而是被称为一家内存公司，因为它是世界领先的内存芯片生产商。英特尔的策略是提供全线产品，并将内存产品作为新技术的试验场。然而，随着日本竞争对手的崛起，英特尔面临困难，其内存部门亏损，而微处理器市场在不断增长。此时，英特尔的创始人、董事长兼 CEO 戈登·摩尔（Gordon Moore）和总裁安迪·格鲁夫（Andy Grove）会面。经过长时间讨论后，格鲁夫问摩尔："如果我们被踢出公司，董事会请来一位新 CEO，你认为他会怎么做？"摩尔回答："他会让我们退出内存业务。"格鲁夫看着他，沉默了一会儿后说："那我们为什么不走出这扇门，重新进来，然后自己做这件事呢？"结果，英特尔的两位领导者调整了他们的管理启发式，以适应变化的竞争环境："我们不需要完整的产品线""微处理器，而非内存，将成为英特尔的核心产品线。"不久后，英特尔再次蓬勃发展。可见，启发式只有在适当的环境下才能奏效；当环境发生变化时，启发式也需要随之改变。

生态理性原则同样适用于前面讨论的启发式。例如，"先听后说"启发式针对的是领导者，而不是追随者。如果追随者先听到领导者的意见，他们往往会倾向于支持领导者，即使内心不同意。"内部提拔"启发式更适用于稳定的情境；当需要新鲜想法和一定程度上的变革时，"从外部招聘"则更合适。前者常用于组织希望实现渐进发展时，后者则适用于组织面临危机并寻求更剧烈的变化时。这两种方法各有优缺点："内部人员了解他们组织的具体问题、角色和资源；但他们往往依赖现状。外部人员带来新视角和变革的开放性，但他们往往对新组织缺乏了解，容易因此犯错。"[22]领导者如何学习启发式的生态理性将在第 13 章中详细讨论。现在，让我们来考察一个特别复杂的领导任务。

管理复杂的大型项目

大型项目包括建设新机场和举办奥运会等。这类项目往往严重超出原定的时间和预算，有些甚至以完全失败告终。以 2020 年东京夏季奥运会为例。在 2013 年日本向国际奥委会提交申请时，官方估算的费用为7340亿日元，到2019年，这一预算已经预计超支近100%。随后，由于全球新冠疫情这一"黑天鹅"事件，东京奥运会推迟到2021年。这不仅增加了约1030亿日元的额外费用，还带来了许多非财务成本。到2021年底，东京奥运会的最终成本达到1.45万亿日元，几乎是最初预算的两倍。[23]

大型项目失败的主要原因之一是决策不当。而决策不当的关键原因是使用了不合适的决策启发式。相反，当大型项目按时完成且不超过预算时，项目领导者通常依赖于有效的启发式。经济地理学家本特·弗莱维贝尔格（Bent Flyvbjerg）将那些使用有效启发式进行项目管理的领导者称为"建设大师"（masterbuilder），得名于中世纪大教堂的建筑师。[24] 根据他的研究，建设大师的启发式具有图9-1所示的特点。

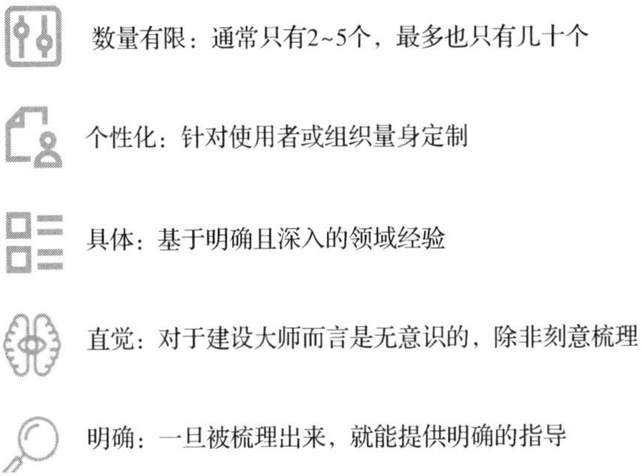

数量有限：通常只有2~5个，最多也只有几十个

个性化：针对使用者或组织量身定制

具体：基于明确且深入的领域经验

直觉：对于建设大师而言是无意识的，除非刻意梳理

明确：一旦被梳理出来，就能提供明确的指导

图9-1 建设大师启发式特点

注：建设大师在大型项目管理中使用的启发式的特征。高效的项目领导者会直觉地使用一些特定的启发式，这些启发式可以提供明确的指导，并根据具体情况量身定制。基于Flyvbjerg（2021）。

建设大师启发式在细节上各不相同，因为它们是为不同项目量身定制的。然而，有些启发式则具有更广泛的适用性。例如：

确保利益相关。

由于大型项目涉及多方的相互依赖，确保每一方都履行自己的职责尤为重要。否则，项目的其他部分可能会产生连锁反应，带来严重影响。如果各方没有在项目中"利益相关"，即没有动力确保项目按时、按预算完成，那么成功的可能性将大大降低。

另一个更广泛适用的启发式是将大型项目比作乐高搭建：

使用简单的模块，并按需组合。

换句话说，应该使用模块化、标准化的组件，而不是试图创建独特的定制化解决方案。对于复杂项目而言，定制化方案的成本和延误容易失控，而标准化的模块可以随着时间的推移不断改进，成本也更容易预测和缩减。标准化方法具有积极的学习曲线，即随着使用经验的增加，效率逐渐提高，成本降低。而定制化方法通常效果不佳，学习曲线可能平坦甚至下降，这意味着效率提升有限，而且会出现更多问题，其规模经济效果也会较差，即无法通过大规模生产降低单位成本。

基础启发式

许多建设大师广泛使用的一个关键简单法则，被弗莱维贝尔格称为"基础启发式"：

保持简单。

这个启发式在项目管理中为何有效？我们可能直觉地认为，复杂的项目需要复杂的解决方案。实际上，项目越复杂，建设大师的方法就需要越简单，这对于大型项目尤其适用，例如奥运会或机场建设。面对复杂性，应该化繁为简，而不是增加复杂性。在这种情况下，少即是多。

弗莱维贝尔格在其关于建设大师启发式的研究中借鉴了"实践智慧"（phronesis）的理念。实践智慧是一个古希腊术语（其拉丁语翻译是 prudentia，后来在英语中成为 prudence，即审慎）。古希腊哲学家，如苏格拉底和亚里士多德，非常重视实践智慧，将其与智力和知识区分开来。实践智慧基于经验，注重行动，被认为是具有良好判断力的人的必要特质。与其他试图建立普遍规律的智慧形式（如数学和逻辑）不同，实践智慧强调情境的重要性，关注在特定情况下如何明智地行动。因此，实践智慧与生态理性有许多共同点。建设大师启发式根据具体的人、组织和任务量身定制，体现了生态理性的关键特征：通过实践经验不断优化，以更好地适应具体任务。

选择领导者

到目前为止，我们主要探讨了领导者使用的启发式。人类（以及其他物种）也发展出了选择领导者的启发式。例如，使用均衡启发式，选举团的每个成员（如委员会、理事会或国家的普通民众）都有一票，然后根据多数法则，得票最多的人将成为下任领导者（如 CEO 或总统）。这种选举法则的目标不仅是找到最合适的领导者，还在于让更多的成员参与选举过程，使每个人都感受到自己是其中的一部分；这是民主的重要一面。以威尼斯的选举为例。作为 13～16 世纪世界上最伟大的商业强国之一，威尼斯选举总督的过程如下：提名选举人和候选人，之后随机抽签淘汰，然后反复重复这一过程，最终选出新总督。这种方式确保了许多重要家族的成员在某个阶段都能参与其中。[25]

除了这些正式的选择规则，群体在选择领导者时也会使用一些非正式的启发式法则。有些法则源自我们的进化历史，至今仍影响着谁会成为群体的领导者。例如，在史前狩猎群体中，"领导"可能意味着某种具体的事情，比如率先行动。研究表明，群体成员确实倾向于跟随第一个行动的人，而简单地朝某个方向一起行动（无论哪个方向）比各自行动更有优势。[26] 至今，群体仍倾向于跟随第一个发言（且声音最大）或采取行动的人，这个人往往成为事实上的领导者。

我们似乎也更喜欢符合某些领导者原型的人。这些原型在狩猎采集时代中已经存在，他们就是那些身材高大的强壮勇士。[27] 夸张一点说，这就像是一个刻板化的尼安德特人在领导团队（见图 9-2）。进化失配理论指出，随着环境变化，进化出的某些行为可能不再有效或适当。[28] 例如，在我们的进化历史中，尽可能多地摄入高热量食物有助于防止饥饿和死亡。然而，在如今高热量食物（如软饮料和快餐）丰富且价格低廉的情况下，这种进化出的倾向反而会导致肥胖和过早死亡。同样，根据体力、支配力或攻击性选择领导者，在原始环境下可能有效，但在当今的合作型世界中却已不合时宜。[29] 也就是说，这种启发式变得不再生态理性。

图 9-2 进化失配

注：根据力量或攻击性选择领导者（通常是男性）是进化失配的一个例子。进化失配指的是进化出的行为与当今现实不匹配的情况。感谢 Kikuko Reb 提供本图。

追随领导者可能带来其他方式无法获得的利益，但也有被领导者利用的风险，这被称为"追随者困境"。[30] "公平性启发式理论"（fairness heuristic theory）为此提供了解决方案：在不确定条件下，领导者的程序公平能够作为一种有效的启发式，用来预测重要的未来结果。[31] 当领导者使用公平的程序时（如平等对待每个人），由于表现与期望结果之间的联系更强，员工感受到的未来结果不确定性（如奖金或晋升）就更低。

领导力启发式的五大益处

在第 2 章中，我们提到了人们使用启发式的四个主要原因：快速、节俭、准确和透明。这些优势对领导者来说非常重要。此外，领导力启发式可以促进健康的组织文化，这是第五个益处。

启发式使决策快速而准确

领导者常常放弃复杂的效用最大化方法，转而选择更简单的决策策略，这样做是有充分理由的。如果高管们试图最大化预期效用，他们的大部分时间将花在收集信息、使用电子表格分析数据和进行计算上，根本无法完成所有工作。管理学者亨利·明茨伯格（Henry Mintzberg）曾跟踪观察高管的日常工作。[32] 他发现，高管们的工作节奏快、任务碎片化且以行动为导向。他们很少有时间安静地坐在办公室分析问题。相反，他们经常面临不断的打断、危机及对时间和注意力的紧急需求。明茨伯格发现，领导者通常只花几分钟处理一个任务，然后就得转向下一个任务。为了应对这些挑战，他们需要简单的法则，基于有限的信息快速而准确地决策并采取行动。领导者通过结合自身经验和智能启发式来实现这一点。

启发式减少注意力过载

直到大约 20 年前,管理信息系统领域仍然非常热门。其目的是建立能够为领导者收集和提供信息,以便他们进行分析和决策的系统。在当时,信息被认为是稀缺的。然而,随着互联网和大数据的发展,如今我们生活在一个信息触手可及甚至过量泛滥的世界中。正如西蒙早就指出的:[33]

"在一个信息丰富的世界里,信息富足意味着另一种东西的匮乏:即处理信息所消耗的资源。显而易见,这就是接收者的注意力。因此,信息的富足导致了注意力的短缺,这使得我们必须在众多信息源中,高效分配有限的注意力。"

我们生活在一个注意力经济时代。[34] 这个时代的显著特征是对我们注意力的竞争,以及普遍存在的注意力过载感。领导者比许多人承受更严重的信息过载压力。大量的可得数据实际上只是噪声,如何从这些噪声中提取有价值的信号,让信号不被海量数据淹没,是一项巨大的挑战。

领导者如何应对信息和注意力过载?一种方法是将决策外包给机器和人工智能(AI)。未来,可能会出现不再需要领导者做决策的组织,因为 AI 将承担这一角色。然而,这是否是一个可实现或可取的愿景仍有争议。与此同时,节俭的启发式可以帮助领导者减少信息过载,使他们能够基于有限但有效的信息,以及通过时间积累的专业知识和直觉，做出决策。

启发式促进透明的领导

在民主社会和组织中，透明度是对领导者的重要期望，虽然这也适用于其他许多场合。秘密做出的决策自然会引起怀疑，员工和社会大众希望且有权了解那些影响他们的决策是如何做出的。然而，许多领导者似乎不愿意让决策过程透明化。他们有时可能有隐瞒的动机（例如，通过偏袒或政治交换以谋取自身利益）。即使出于善意，领导者们也可能由于担心决策出错被追责，而不希望决策过程透明。

由于简单易行，启发式是提升领导透明度的理想选择。它使领导者能够更清晰地说明决策时考虑的因素及其处理方式，从而在输入和输出之间建立清晰的联系。启发式的一个关键优势是，它们易于教授、学习和传递，从而使整个组织受益。例如，研究表明，领导者启发式的传递（即将领导者的启发式或基于经验的法则传递给他人的过程）的广泛程度与员工的创造力有正向关系。[35] 领导力发展的培训可以围绕启发式展开。尽管这一领域在美国的年估值达数十亿美元，但很少有证据能表明其真正的价值。我们认为，这至少部分是因为这些培训关注的是脱离实际的、抽象的领导特质和领导风格，而不是聪明领导者使用的那些更接近实际的、具体的启发式。我们将在第 13 章中继续探讨启发式的传授和学习。

启发式塑造组织文化

领导者采用的启发式会影响组织文化，可能带来积极或消极的效果。例如，在"招聘优秀人才，让他们自由发挥"这个启发式中，"招聘优秀人才"有助于提升工作质量，而"让他们自由发挥"则建立了信任文化。相比之下，喜欢事必躬亲的领导者则不会传达对员工的信任。同样，采用"先听后说"启发式表明领导者重视员工的观点。而那些首先宣示自己观点正确的领导者，则会形成等级文化，导致员工害怕发言。因此，领导者使用的启发式能够创建开放的或防御性的决策文化（见第11章）。

启发式不仅可以影响文化塑造，还能定义道德行为。例如，曼德拉为了争取像他一样被种族隔离制度压迫的南非有色人种的自由，曾被监禁近30年。然而，出狱后他并未寻求复仇，而是选择了和解。他采用了诸如"向前看，不要回顾"和"宽恕，不要复仇"这样的领导启发式。圣雄甘地的领导同样遵循一条简单法则："无论受到何种挑衅，绝不以暴力回应。"明智的领导启发式能推动组织和社区的繁荣，而无效的启发式则会带来毁灭性破坏。领导者要意识到适应性工具箱的巨大价值，并学会为当前任务选择适合的启发式。

10 直觉的力量

"直觉"指的是内心知道但不能言表的现象,它是我们拥有的一个超强能力。通用电气公司的杰克·韦尔奇曾直言,优秀的管理决策往往凭直觉做出。[1] 经验丰富的管理者有时会凭直觉认为某项交易有问题,尽管他们暂时说不出具体原因,但这种预感会引导他们深入寻找原因。事实上,直觉不仅仅是管理者的专属技能,它也是各个领域专家的共同特征。在一项研究中,17位诺贝尔物理学、化学、医学和经济学奖得主被问及他们如何实现重大突破。大多数人表示,他们的发现源于在直觉与分析之间的不断切换。[2] 同样,商业和管理的成功也需要结合直觉与深思熟虑的分析。

但令人震惊的是,在社会科学的部分领域,人们越来越无条件地不信任直觉。在这些领域,直觉被视为理性的敌人,而非盟友。例如,各种双系统理论将直觉的"系统1"与分析的"系统2"对立起来。认为"系统1"是快速的、启发式的、无意识的且经常出错；而"系统2"是缓慢的、有逻辑的、有意识的且几乎总是正确的。当然，依赖直觉可能会出错，但依赖算法和深度思考同样会出错。尽管如此，许多畅销书，如《怪诞行为学》[3]和《助推》[4]，却只将错误归因于直觉，而忽略了不确定性情境下对逻辑推理或理性选择理论的误用。错误地将直觉和理性对立起来，暗示了直觉不值得信赖，应该用逻辑或算法取而代之。

对直觉的不信任并不新奇。爱因斯坦就注意到了这一点，他指出："直觉思维是神赐的天赋，理性思维是其忠实的仆人。而我们创造的社会，让仆人荣耀，却将天赋忘怀。"[5]爱因斯坦这一深刻见解在自然科学领域得到了认同。与社会科学不同，在自然科学中，称某事物为"直觉的"往往表示极高的尊重。

什么是直觉？

我们这里谈论的直觉不是第六感或神的启示，也不是无能领导者的随意决策。直觉是一种判断，具备以下所有特征：

- 基于多年的经验
- 快速进入意识
- 背后的逻辑推理是无意识的

换句话说，直觉不是随意的判断，而是一种无意识的智慧。[6]例如，一位经验丰富的医生可能在瞬间感觉到患者的状况有问题，但无法立刻解释原因。这与我们在第 12 章讨论的人工智能算法黑箱有着有趣的相似之处：生成直觉的过程对有意识的大脑来说是不透明的。然而，医生接下来的步骤是基于直觉进行系统的医学检查。也就是说，无意识的判断和有意识的行为互为补充。当诊断成功时，医生可能逐渐明白是什么触发了这种直觉。重要的是，直觉不应被视为与有意识思考的对立。在做重要决策时，人们需要在理性分析和直觉判断之间来回切换。几乎每个重要的商业决策都依赖于两者的结合。仅靠数据往往难以得出明确的结论。

高管们会凭直觉做决策吗

高管们通常面临大量信息，其中有些相互矛盾，有些可靠性存疑，还有些可能受到特定利益集团的影响。在这种不确定的情况下，没有算法可以计算出最佳决策。然而，经验丰富的高管可能会凭直觉判断出最佳行动方案。顾名思义，这种感觉背后的原因通常是无意识的。为了了解大型公司中有多少重要的专业决策依赖直觉，吉仁泽采访了 32 位来自一家大型国际技术服务公司的普通管理者、资深管理者和执行董事。在一位得到他们信任的高管的协助下，我们通过一对一访谈，询问他们在重要的专业决策中，最终有多少是基于直觉做出的。为确保他们理解"直觉决策"的定义，我们在访谈前进行了说明。[7] 之所以强调"最终"，是因为我们假设高管做决策前会先参考相关数据，只有在数据不明确时，才会依赖直觉。受访者涵盖了公司各个层级，包括经理、部门主管、集团高管和执行董事会成员。所有人都积极响应了访谈邀请,无须再次邀请,表明他们对这个问题很重视。

没有一位高管表示自己从未做过直觉决策(见图10-1)。同样也没有人声称他们总是依赖直觉。大多数高管(32中的24位)表示,尽管参考了数据,最终仍有50%或以上的专业决策是基于直觉,这贯穿了整个公司的管理层。其他公司也有类似情况。例如,在一家国际汽车制造商的50位顶级高管中(大多数为工程师出身),每个人都表示有50%或以上的重要决策是基于直觉做出的。[8] 随着管理层级的提升和工程师比例的增加,依赖直觉做决策的情况也会增加。

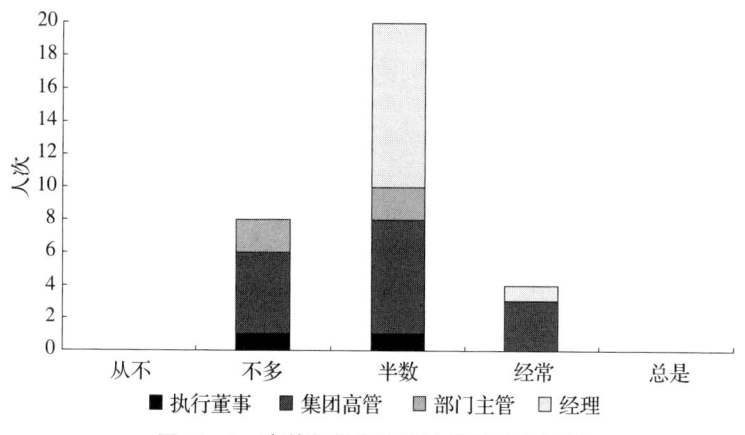

图10-1 高管们做出直觉决策的频率示例

注:高管们做出直觉决策的频率是多少?数据来自一家大型国际技术服务公司的32位管理人员的自我报告。所有人都表示他们使用直觉,大多数人(20位)表示大约在一半的决策中使用直觉。研究基于Gigerenzer(2014)。

惧怕承认直觉决策

然而，这些高管从不会在公开场合承认自己做了直觉决策，因为这会让领导者承担全部责任。在大公司中，出于对决策利益相关者负面反应的担忧，越来越少的管理者愿承担这样的责任。对国际技术服务公司的高管的访谈表明，压力迫使他们要为决策提供合理的理由，而直觉无法提供任何理由。正如一位集团高管所说："如果决策不是基于200%的事实，就必须道歉，这是不争的事实。"另一位高管表示："我们是一家高科技公司，领导层希望看到数字和事实。"在他们看来，如果一位管理者公开承认："我查看了所有事实，但它们并未给出明确答案。基于我的经验，我的直觉告诉我要做出这个决策。"是显然不会得到认可的。为了处理直觉和正当理由之间的冲突，管理者通常会采用两种方法来掩盖他们的直觉决策：事后找理由和防御性决策。这些方法表明了害怕承认直觉决策可能会给企业带来巨大损失。

事后找理由

高管不会公开承认他们是凭直觉做出的决策，而是要求员工事后为直觉决策找出合理的理由。有了这些理由，高管就可以将直觉决策包装成看似完全基于数据的理性决策。事后合理化不仅浪费了大量的智慧、时间和资源，还会拖慢决策的进程。事实上，这家技术服务公司因为决策流程缓慢，无论在内部还是与客户合作中，都出现了问题。

同样的策略还可以通过聘请咨询公司来执行。咨询公司会提供一份详尽的报告，列出充分理由来支持直觉决策，但完全不会提到直觉。这种做法不仅成本更高，也需要更多的时间和注意力。其背后真正的动机是管理者不愿意承担个人责任，而直觉决策恰恰意味着做决策的人需要背负全部责任。那么，这种情况有多普遍？在一次午餐中，我们询问全球最大的咨询公司之一的负责人，是否愿意透露他们的客户有多少会在事后寻找理由为其决策辩护。他的回答是："我可以告诉你超过50%，但请你不要透露我的名字。"

防御性决策

防御性决策是另一种应对公开直觉决策所产生的焦虑的方法。因为害怕出错，管理者往往不是选择直觉上认为最好的选项，而是选择一个较差的选项。

防御性决策：虽然管理者认为选项 A 是最好的，但仍选择在他们看来较差的选项 B，以便在出现问题时保护自己。

设想一位经验丰富的管理者。他直觉上认为公司的新产品应该进入外国市场，但没有采取这个行动，因为如果失败了，他需要承担责任，并且无法解释自己为何提出这个建议。此时，他的目标是保护自己，而不是为公司的利益冒险。相比于事后寻找理由，防御性决策不仅会拖慢决策进程、增加不必要的成本，还可能直接阻碍创新，让公司错失盈利机会。PayPal 不是由大型银行发明的，谷歌也不是由大型媒体公司创造的，这可能并非巧合（见第 6 章）。

防御性决策在大型公司中有多普遍？先前提到的那家国际技术服务公司的 32 位高管被问及："请回顾你最近参与的十个重要专业决策。有多少个决策中包含防御性成分？"只有七人回答"没有"。其中一位 50 多岁的男性高管解释说："如果公司发展得好，我也能发展得好，这是我深信不疑的信念。即使这家公司解雇了我，在下一家公司我依然会这样做（即不做防御性决策）。"[9]

然而，这种理想型的管理者是少数。有 12 位高管表示，在最近参与的十个决策中，有一到三个是防御性的。其中一人承认，他有时缺乏勇气选择风险更高但更有前景的选项。其他人则表示，他们做出防御性决策的动机是害怕受到指责，或为错误承担责任而导致个人利益损害以及失去同行的尊重。十位高管透露，他们大约一半的决策是防御性的。其中几位解释道，选择次优方案的原因是他们缺乏承担风险的动力——出现问题时，他们只会面临批评或惩罚。执行董事会的一名成员承认，他做出的每两个决策中就有一个不符合公司的最佳利益；在公司盛行的"零风险"文化下，他更关注自己的职业前途和个人利益。最后，两位公司较低层级的管理者表示，他们十个决策中有七到九个都是防御性的。其中一位提到，公司没有错误应对文化，对错误零容忍，所以他的信条就是"明哲保身"。

在其他企业和公共管理机构中，也存在类似数量的防御性决策。[10] 它们是领导力不足和消极的错误应对文化的标志（我们将在第 11 章中详细探讨）。相比之下，在家族企业和由公司所有者亲自管理的公司中，防御性决策的频率要低得多。在这些企业的文化中，所有者不太担心需要为直觉决策辩护，而他们信任的高管也不太担心因决策失误而立刻被解雇。他们更频繁地讨论错误并从中学习，制订前瞻性的计划，并将直觉决策的效果作为衡量标准，而不是决策者能否证明其合理性。此外，家族企业中的"利益相关"原则促使他们避免高昂的成本，比如聘请咨询公司来掩饰直觉决策所带来的成本，或者防御性决策造成的更大损失。

直觉与启发式：流畅启发式

根据定义，直觉是无法被解释的。解释直觉如何运作是研究者的任务。令人惊讶的是，第一个出现在脑海中的想法往往是最好的。

决策课程教导我们，有经验的人会仔细比较选项，而新手则会立即采纳第一个出现在脑海中的选项。然而，决策研究者加里·克莱因（Gary Klein）认为情况正好相反。[11] 克莱因和他的团队曾在消防站过夜，乘坐过 M–1 坦克和黑鹰直升机，并观察了重症监护室里的高风险决策。这些自然决策中的惊险场景与心理学实验室的安全环境形成鲜明对比。在实验室中，被试只是在假想的彩票和赌博情境中做选择，这些情境他们从未遇见过，并且所有的信息（包括每种结果的概率）都会提前告知。

克莱因报告称，他所研究的专家，如消防员和急诊室医生，很少对多个选项进行比较。[12] 相反，他们通常会凭经验迅速想到一个选项。这个过程在第 2 章中被称为流畅启发式，它有时也被称为最先线索启发式（take-the-first）或再认启动决策（recognition-primed decision making）。[13] 专家可能会立即选择第一个选项，或者在脑海中模拟这个选项，想象它被实施的情景。如果模拟结果不理想，他们会对第二个想到的选项重复同样的过程，以此类推。对专家来说，依赖流畅性是一种符合生态理性的策略，因为流畅性与选项的质量相关。但对新手来说，这种策略则不适用。为了使流畅性发挥作用，人类大脑进化出检测流畅性微小差异的能力，这是应用该启发式的前提。研究表明，当信息提取的流畅性差异超过 100 毫秒时，人们就能够察觉到差异，而差异越大，流畅启发式对个人决策的预测准确性也越高，准确率最高可达 82%。[14]

正如第 2 章的图 2-1 所示，对于经验丰富的手球运动员来说，第一个想到的选项可能是最好的，而花费更多时间和考虑更多选项可能反而会降低他们的表现。这一发现与"速度-准确性权衡"假设相矛盾。该假设认为，做决定的速度与准确性之间存在权衡。但这种权衡仅适用于新手，即那些从未做过某任务的人，比如多数心理学研究中的实验被试。它对专家并不适用。专家可以依赖直觉，而他们的直观判断通常是最优选择。这个发现在消防员、飞行员和其他专家中都报告过。[15] 德国足球运动员、历史上的顶级射手之一盖德·穆勒（Gerd Müller）曾评价自己靠直觉踢球："如果你开始思考，你就已经输了。"[16]

流畅启发式带来了一个重要的视角：决策不总是从一组固定的备选方案中做出的。在实际决策过程中，虽然可能会考虑多个选项，但通常不会进行直接比较，而是逐一评估，直到找到足够好的选项。如果情况发生变化，例如火灾突然蔓延，我们会重新启动这个生成选项的直觉过程，即重新生成和评估新的选项。然而，决策理论往往过于关注固定情境中的选择（例如假设的赌博场景），而忽视了实际决策中动态调整的重要性。

需要指出的是，这里描述的直觉过程是满意启发式和流畅启发式的结合，前者是接受第一个达到期望水平的选项，后者是根据选项的有效性对它们进行排序。满意启发式本身并不关注选项的顺序。

如何破坏直觉

上述对流畅启发式的分析，揭示了在竞争情境中如何破坏职业对手的良好直觉：让他们多思考、多花时间。流畅启发式的力量会在决策时间过长、考虑选项过多时消失，因为这会增加选择较差选项的可能性（见第 2 章）。有些人误以为不跟随第一个想到的选项而继续搜索会更好，结果却适得其反。相比之下，那些理解直觉力量的人则会通过故意使用这种反直觉策略来愚弄对手。

让你的专家对手思考，而不是凭直觉行事。

2006 年，柏林奥林匹克体育场挤满了 75000 名球迷，他们正在观看阿根廷和德国之间的足球世界杯四分之一决赛。加时赛后，比赛仍然平局，点球大战开始了。这是一个令人紧张的局面，两位守门员将轮流面对对方球队的五名球员。所有的点球大战都充满压力，但这一场格外特殊。每次罚点球之前，德国守门员莱曼（Jens Lehmann）都会研究他手中的一张纸条。最后，莱曼挡住了两个点球，淘汰了阿根廷队。媒体将这场胜利归功于莱曼"小抄"上的信息。

但事实很可能不是这样。以阿根廷队最后一名射手坎比亚索（Estéban Cambiasso）为例。在 YouTube 上仍可以找到的一段视频显示，莱曼不慌不忙地研究纸条，但坎比亚索不知道的是，纸条上其实没有关于他的任何信息。结果，他的射门被莱曼扑出了。帮助莱曼的并非纸条上的信息，而更可能是他让阿根廷球员开始思考该怎么做。仅仅因为思考，坎比亚索就上钩了。

思考对良好直觉的抑制效应在许多实验中已经得到了证明。例如，当新手和专业高尔夫球手在推杆时被要求注意自己的动作时，新手的表现更好，但专业球手的表现却下降了。[17] 在另一种情况下，新手和专业高尔夫球手分别被给予三秒钟或无限时间来完成每次推杆。在时间压力下，新手的表现更差，命中目标的次数减少。相比之下，专业球手在时间压力下命中目标的次数更多。当专业球手拥有更多的时间时，更多劣质选项会浮现，这增加了他们选择其中之一的可能性。总的结论是，对于高技能者来说，应该避免过长时间的思考，而对于新手来说，则应该花时间决定如何行动。

神圣的天赋

如前所述，爱因斯坦曾称直觉是一种"神圣的天赋"。然而，这种天赋的背后是多年在特定学科上的辛勤工作和经验。爱因斯坦说，"我们创造了一个遗忘天赋的社会"，这句话在今天仍然成立。在这一章中，我们探讨了"直觉是理性思维的敌人"这一伪命题。该命题所传递的观点出现在不少双系统理论中，这些理论将直觉、启发式和快速思维描述为经常出错的，并将它们与理性、逻辑和缓慢思维相对立，认为后者几乎总是正确的。这种二元对立的思维方式，迫使高管们采取昂贵的做法来隐藏他们的直觉决策，以致做出次优决策。对直觉决策的忌惮是由一种消极的错误应对文化推动的，在这种文化中，错误被掩盖或惩罚，为公司冒险是一件危险的事情。这进而又导致创新减少，形成这样一种文化：每个新想法都需要有正当理由，否则很可能被驳回。管理者需要克服将直觉和理性对立的冲动，并意识到两者需要互相配合。如何在组织中鼓励这种文化将是下一章的主题。

11 打造智能决策文化

在第 10 章中,我们看到管理者经常采取两种代价高昂的行动:事后为直觉决策找理由和选择次优方案(即防御性决策)。这些行为的背后往往是一个功能失调的组织决策文化。考虑到决策文化的重要性,我们将在本章深入探讨功能良好(即智能的)和功能失调的决策文化。

决策文化在不同时空下差异巨大。例如,在中世纪的欧洲,人们通常通过神判法(decision by ordeal)来判断一个人是否有罪、撒谎或是巫婆。一种形式是决斗审判:纠纷双方进行决斗,失败者被视为有罪或应承担责任。另一种特别残酷的审判形式是水刑审判:将被指控为巫婆的女性浸入水中。如果她浮起来,就被判定为巫婆并处死;如果她沉下去,则被判定为无辜,虽然她此时已因溺水而死。在其他文化中,诸如是否开战等重要决策通常是根据神谕做出的。我们如今很难理解这种决策文化为何能够存在。文化,作为一个国家、社会、组织或群体的习俗、实践、价值观、信仰和象征，在外人看来可能是不合理的，但其内部成员通常认为这是理所应当的。

现代文化也不例外。想想当代组织是如何利用计算、电子表格、分析和报告做出决策的。有时，这些决策完全依赖于算法，无须任何人为干预。对于居住在亚马孙部落的原住民来说，这也许完全无法理解。由于文化根深蒂固，它对组织的影响力可能比精心制订的战略计划更强大。正如管理思想家彼得·德鲁克所言："文化把战略当早餐吃。"（意为商业战略与企业文化相比，其重要性微不足道。）

在本章中，我们将聚焦组织中的决策文化。换言之，我们将探讨那些根深蒂固的规范、价值观和信念（如在收集信息时"多多益善"的信念），这些因素影响着决策的制定、推迟或回避。我们提出以下问题：不同的决策文化有何差异？一个组织如何培养出智能的决策文化？

管理决策中的言与行

决策文化不仅关乎如何做出决策，也涉及如何谈论决策。管理者并不总是言行一致。在面对大世界问题时，他们依然会谈及"最优化"和"最大化"，虽然根据大世界问题的定义，预先确定最佳行动方案是不可能的，所谓的最优化只是一种幻想。管理者们口头上强调要详尽地检索信息、仔细地分析数据、考虑所有可能的选项，最终选择最佳方案。但实际上，他们依赖的是启发式和分析的结合。正如我们在第 10 章中详细阐述的那样，一家大型国际技术服务公司的大多数高管表示，他们最终依靠直觉做出决策。[1] 尽管如此，他们通常不会在公开场合提及使用启发式，无论是有意识的还是无意识的（即直觉）。

以预算编制为例。组织机构和政府通常需要在多个选项之间分配有限的资源。一家公司可以选择大力投资开发新产品，也可以将同样的资源用于增加现有产品的市场份额。复杂的方法，如净现值计算（net present value calculation）和零基预算（zero-based budgeting），尝试通过最大化资源回报来分配预算。然而，由于决策时无法预知将来的投资回报，预算本质上无法实现最优分配。作为替代方案，决策者可以使用启发式来解决分配问题。其中一种是近期启发式：在去年预算的基础上，增加或减少一定的金额。[2] 另一种是 $1/N$ 启发式：将预算平均分配给同一单位的 N 名员工，例如 3M 和谷歌为其工程师和科学家们提供相同的休闲时间，让他们自由探索、独立研究（详情参见第 6 章）。

或以税率调整为例。新加坡政府在 2022 年宣布税率调整方案。2023 年，商品和服务税上调 1%，从 7% 上调至 8%，并将于 2024 年 1 月再上调 1%，达到 9%。[3] 鉴于无法计算出最佳增税幅度，我们可以采用如下启发式：

谨慎、等额地提高税率。

这一方案降低了变革带来的风险，避免由于变革过大而对以往运行良好的系统造成冲击,同时也允许政府观察政策效果,并在必要时进行调整。值得注意的是,税务部门可能花费了大量时间来决定这一方案,以及思考将税率提高 1% 还是 1.5%。这再次表明,深思熟虑和启发式决策通常是相辅相成的。

一个组织如何谈论和做出决策是其文化的一部分。接下来,我们将描述四种功能失调的决策文化,随后介绍三种功能良好的文化。这些文化并不相互排斥,它们可以在同一组织内共存,同时在不同部门之间表现出系统性差异。

合理化文化

一个组织机构在谈论决策与实际决策时出现不一致,这可能意味着该组织内存在"合理化"文化。我们将合理化文化定义为:在该文化中,决策由启发式方法做出,但这一事实从未被提及;相反,在呈现给上级、同事或公众时,决策被描述成完全依据分析、逻辑和最优化原则做出。通过这种方式,启发式决策过程被"合理化"了(实际上是被掩盖了)。

合理化可以用来增强决策提案的说服力,例如当公司的某个部门希望开发新产品并获得总部支持时。此外,它还可以在决策结果不佳时保护决策者:管理者可以强调,他们是在仔细分析所有可用信息后,选择了预期效果最好的方案,以此为决策辩护。[4]

合理化的过程会浪费时间、精力和金钱,所有这些只是为了在表面上遵循组织文化所倡导的决策过程:进行分析、撰写报告和给出演示。这些并非为了找到最优方案,而是为了让已做出的决策看起来合理。[5] 合理化文化是咨询公司一项主要的收入来源。如第 10 章所述,在咨询公司为企业提供建议的案例中,约有一半的情况实际上是在为已做出的决策辩护。

如果组织的决策文化重视直觉和启发式,那么用于合理化的有限资源就可以转向其他更有价值的地方。合理化的负面影响显而易见:员工明知决策已定,却还要做大量无用的工作,这会让他们愤世嫉俗,变得消极。此外,当真正的启发式决策过程被掩盖时,学习也会受到阻碍。如果不坦诚讨论哪种启发式在什么情况下有效,管理者的适应性工具箱就难以得到充分发展。

合理化文化在大型和官僚化企业中更为普遍,因为在这些企业中,职业经理人往往与决策结果没有直接的利益关系。他们信奉"多即是好"(即更多数据、更多分析会得到更好的结果),并认为我们面临的现实任务都是小世界问题,寻求最优化是最佳决策方式。这种观念在商学院中得到了进一步强化(见第 13 章)。纯粹依靠分析做决策,被广泛视为职业经理人的标志性特征。[6] 然而,在家族企业和创业者主导的公司中,这种文化较少见。只要决策结果良好,这些公司更愿意接受直觉和启发式。[7]

防御性文化

防御性决策文化带来的消极影响与合理化文化相比往往有过之而无不及。在合理化文化中,管理者可能利用启发式为公司选择一个好的选项，但在事后将决策过程合理化。这种文化允许管理者以他们认为最好的方式做出决策，只要他们事后能对决策合理化即可。而在防御性文化中，管理者不会选择那个他们认为最有潜力的选项，而是选择一个即便出现问题也更容易辩护的较差选项（如第10章所述）。这种文化也被称为CYA（cover your ass），即明哲保身。[8] CYA文化存在于许多组织中。例如，某公司的采购部门正在考察两家零件供应商：一家是价格低廉、质量好、服务优质的本地供应商，另一家是价格较高、服务和质量较差但知名度较高的全球供应商。尽管本地供应商看起来更有优势，但管理者最终还是选择了全球知名供应商，因为如果未来出现问题，这一决策更容易得到辩护。

选择更有辨识度的选项是再认启发式的一种应用。然而，在上述情境下，采用这个启发式并不明智。因为管理者选择更有辨识度的选项（全球知名供应商）的原因，不是因为它更好，而是因为它更容易为决策者辩护，更容易证明选那个选项的合理性。因此，启发式并无绝对的好坏之分，其效果取决于具体的任务环境。

防御性决策究竟有多普遍？一项对德国公共行政部门950名管理人员的调查发现，约四分之一（25%）的重要决策是防御性的。[9] 此外，绝大多数（80%）的受访者承认至少做过一次防御性决策，17%的受访者表示他们至少有一半的决策是防御性的。

管理者进行防御性决策不是出于自愿，而是受到多种动机的影响，这些动机与组织文化密切相关。在上述调查中，最常见的防御性决策动机是避免冲突（见图 11-1）。例如，为了避免发生冲突，一位管理者决定不将一位资深员工从团队中除名，即使这个人对组织有害。第二常见的动机是来自上级的压力。例如，考虑到上级的偏好，一个管理者将某职位提供给内部候选人，尽管他确信另一个外部候选人更适合这个位置。

动机	占比（%）
避免冲突	35
上级压力	24
缺乏资源	17
缺乏动力	5
法律后果	4
职业考量	3
缺乏信息	3
其他	8

做出防御性决策的动机占比（%）

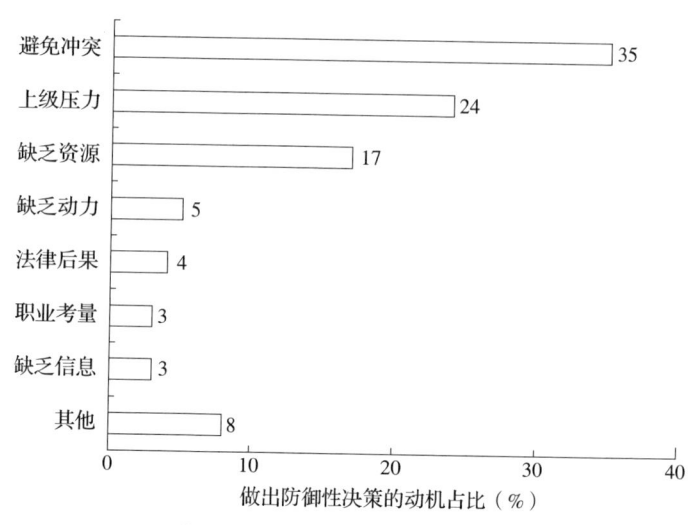

图 11-1　防御性决策的动机占比

注：防御性决策的动机。数据来自德国一家大型公共行政机构的 950 位管理者的自我报告，结果显示避免冲突、上级压力和缺乏资源是防御性决策最常见的原因。基于 Artinger et al.（2019）。

防御性决策的动机取决于组织、行业乃至国家的宏观文化。在前述有关德国公共行政管理机构的研究中，"职业考量"很少被视为防御性决策的原因，这表明管理者并非出于自私的职业晋升动机而做出此类决策。此外，担忧法律后果也并非主要动机。

然而，医疗行业的情况则截然不同。医生和医院面临许多外部压力，尤其是诉讼风险。如果医院承认错误，可能会因医疗事故而被起诉，尤其是在像美国这样的国家，侵权法的设置极大降低了诉讼的门槛。这导致了以过度处方和过度治疗为特征的"防御性医疗"：医生和医院进行不必要的手术或开具不必要的药物时，不太可能被起诉，但如果他们没有开药或建议手术，而患者出现问题，诉讼风险就会增加。

在一项对美国急诊科医生的调查中，97%的医生承认会开具他们认为在医学上不必要的先进影像检查，主要原因之一就是对诉讼的恐惧。[10] 另一项研究发现，93%的美国医生会采取某种形式的防御性决策，包括开具临床上不必要的核磁共振检查、计算机断层扫描检查、抗生素药物和提出手术治疗建议。[11] 就像合理化文化一样，防御性决策浪费资源和时间。2009年，美国国会预算办公室估算防御性医疗的成本为每年54亿美元。[12] 更近期的估计则高得多，从460亿到3000亿美元不等，较常见的估计在500亿到650亿美元之间。[13] 除了这些经济成本，防御性决策还阻碍人们从错误中学习，并因为选择了更差的治疗方案而降低了医疗质量。

火鸡幻觉文化

"火鸡幻觉"是指一种信念，认为组织机构在一个可预测的世界中运作，人们了解过去，因此也能预测未来。这种观点假定了一个小世界,在这个世界里,未来必然像过去一样,从而制造了一种关于预测确定性的幻觉。那么,火鸡幻觉这个名字从何而来?[14] 想象一只刚出生的火鸡。第一天,人类喂养它,不杀死它,第二天依然如故。根据基于小世界假定的预测模型(如贝叶斯规则),火鸡认为自己会被喂养而不被杀死的信心逐天增加。到了第100天,这个信心比以往任何时候都更大,达到约99%。[15] 然而,这一天恰好是感恩节的前一天,它成了食谱的一部分。火鸡的问题在于,它并非生活在一个所有信息都已知的小世界中,并且它没有弄懂自己被善待的原因。

火鸡幻觉文化在高度依赖分析方法的组织中广泛存在,如金融机构。这种幻觉表现为过度信任基于过去数据的定量模型。以芝加哥期权交易所(CBOE)创建的、基于标准普尔500指数的波动率指数(VIX)为例。[16] VIX也被称为恐慌指数,用于衡量市场对未来波动性的预期(见图11-2)。较低的指数值意味着较低的风险预期。该指数在2007年达到历史最低点,这恰好是在全球金融危机爆发之前,那时的实际风险应当异常高。再比如,许多金融机构的风险模型仅能预测房地产价格上涨,因为它们采用了与火鸡一样的逻辑,使用之前房价持续上涨的数据来预测未来。

火鸡幻觉还体现在金融领域关键人物的言论中。例如,直到2008年3月,美国财政部部长亨利·保尔森(Henry Paulson)还宣称:"我们的金融机构、银行和投行都很强大。我们的资本市场具有韧性,高效且灵活。"[17] 在2003年,著名的宏观经济学家之一罗伯特·卢卡斯(Robert Lucas)在美国经济学会年会上的主席演讲中宣称，经济学理论已经从大萧条（the Great Depression）中吸取教训，并成功防范了未来的金融灾难："防止萧条这一重要问题在实践中已经解决；事实上，早在数十年前这个问题就解决了。"[18] 这种号称凭借精确的经济学理论可以预防金融危机的说法，听上去令人倍感安慰，但实际上却是错误的。在卢卡斯信心满满地发表声明的五年后，大萧条以来最严重的经济危机发生了，这场大衰退（the Great Recession）不仅冲击了美国，也席卷了全世界。火鸡的命运就此终结。

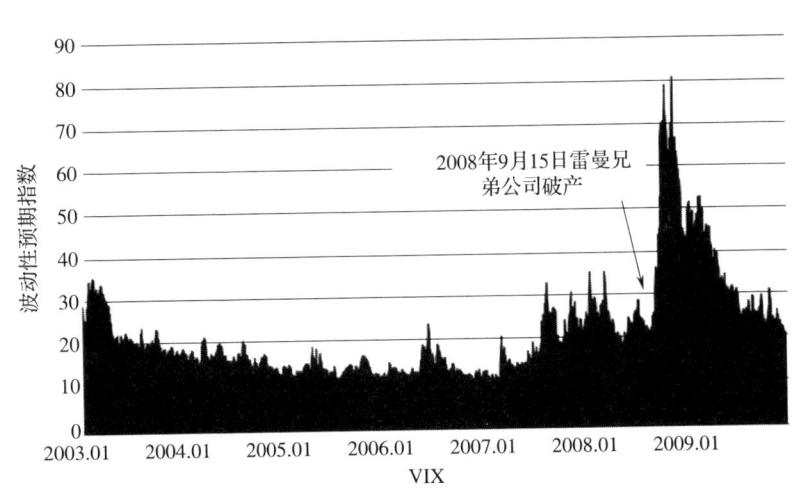

图 11-2 导致 2007—2008 年金融危机的火鸡幻觉图示

注：导致 2007—2008 年金融危机的火鸡幻觉图示。波动性指数（VIX）是第一个衡量市场对未来波动性预期的基准指数，低值表示较低的预期风险。该指数从 2003 年开始持续下降。在 2007 年全球金融危机爆发前夕，VIX 达到了历史最低点，并在 2008 年雷曼兄弟公司破产前保持低位，这是确定性幻觉的体现。数据来源：芝加哥期权交易所（Chicago Board Options Exchange, http://www.cboe.com/products/vix-index-volatility/vix-options-and-futures/vix-index/vix-historical-data）。

金融危机不仅由贪婪、一厢情愿的想法和治理不善引发，火鸡幻觉也通过制造未来可预测的错觉，起了推波助澜的作用。然而，金融机构并非运行于一个小世界中，它们的运行环境甚至和小世界完全不沾边。

VUCA 拒认文化

与火鸡幻觉文化相关但更为广泛存在的是 VUCA 拒认文化。与将不确定性误认为风险的火鸡幻觉文化不同，VUCA 拒认文化直接否认了不可避免的不确定性本身的存在。在这类文化中，人们相信所有的 VUCA（即波动性、不确定性、复杂性和模糊性）问题都可以被驯服，并被简化为小世界问题。这种信念使得人们能够依赖预期效用最大化和其他优化工具，计算出最佳行动方案。这一信念得到了新古典经济学著名学者的支持，如弥尔顿·弗里德曼（Milton Friedman）。弗里德曼认为所有的不确定性都可以简化为风险。[19] 因此，这种文化假设组织可以像投注彩票一样，在预知所有选项和结果的情况下运作。在这些假设下，启发式决策被认为是无关紧要的。

在否认 VUCA 存在的组织中，他们并非像火鸡幻觉文化那样对 VUCA 本身毫无察觉。相反，他们否认的是 VUCA 的不可消除性，即不可能完全控制和减少 VUCA。因此，在这种文化中，分析不仅是最优化的工具，更是控制的手段，用来将不可预测变得可预测，尽量减少意外的发生。这种文化在官僚组织中很常见，虽然不限于此类组织。这些组织倾向于回避不确定性，这个世界的不可预测性让他们如坐针毡。

组织机构在风险管理部门上的花费以百万计，监管者撰写数百页的法规，规划者则试图利用大数据预测未来；所有这些努力都是为了将不确定性转化为确定性，或至少是可计算的风险。尽管这些措施在一定程度上有效，但否认VUCA的存在，并将大世界视为小世界，会使人们在制定政策时过于细化（这使得政策脆弱不堪），从而造成确定性幻觉。以金融风险管理法规为例。[20] 1988年通过的用于国际银行业监管的巴塞尔协议Ⅰ只有30页，而2004年通过的巴塞尔协议Ⅱ有347页，是早期版本的十倍以上。尽管这些文件的初衷是通过计算和建模使金融世界更加安全，但它们不仅未能阻止2008年的金融危机，反而因为制造了火鸡幻觉而加剧了危机（见图11-2）。2009年金融危机后制定的巴塞尔协议Ⅲ则更长，达到了616页。正如在合理化和防御性文化中一样，VUCA拒认文化也会导致资源（时间、金钱和其他资源）的错误配置。在这种情况下，资源被浪费在试图通过适用于小世界的统计工具，来控制金融市场中的不确定性。

制造业公司，特别是它们的生产部门，看似运作在最接近小世界的环境中。在那里，用于质量控制的统计方法可以显著降低错误率、降低成本、减少浪费。[21] 然而，这种表面上的小世界很容易被意想不到的事件打破，比如全球性的疫病、金融危机和战争。当这些事件发生时，原本通过最优化成本获得的优势，可能因缺乏足够的应急资源而转变为劣势，最优化最终反而使公司变得脆弱；2021年开始的全球性芯片短缺危机就是其中一例。这类意外事件能够破坏全球供应链，而任何小世界系统（比如工厂）都需要通过与大的外部系统建立连接，以获取零部件和能源等外部资源。尽管我们可以在较小的系统内部实现严格控制，但完全掌控来自外部的资源输入仍是不可能的。因此，即便在这种看似可控的小世界环境中，VUCA的特性依然存在，我们仍不可能对其实现完全控制。

如何打造智能的决策文化

我们在上面描述的四种文化都是负面的。然而，这些文化可以被三种互相促进的智能决策文化所取代。为了培育这些文化，组织需要修正三种错误的信念（见图11-3）。首先，需要

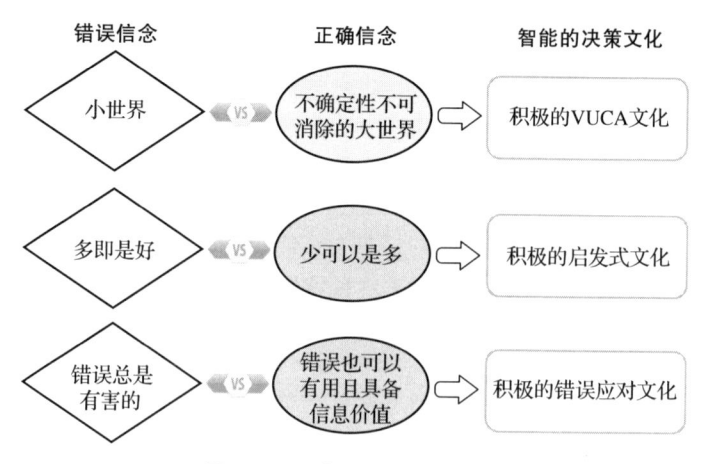

图11-3 培育智能的决策文化

注：为了培育智能的决策文化，组织需要改变对世界、启发式和错误的不准确信念。

接受一个事实，即他们主要运作在一个不确定性不可简化的大世界，而不是可以计算风险的小世界。其次，组织需要将"多即是好"的信念替换为一个更为准确的"少即是多"观念，即在不确定条件下，更少往往更好。最后，组织需要摒弃"错误总是有害的"这个信念，转而接受一种更中肯的观点，即错误也可以有益且能够提供宝贵信息。

积极的 VUCA 文化

面对不断加剧的 VUCA 环境，一些组织和政府加倍努力，收集更多数据，投入更多资源进行风险管理和监控，进一步加强控制，增加法规数量，并建立愈加复杂的模型。然而，由于 VUCA 无法完全消除，这些努力只会制造确定性幻觉。过去，人们曾相信可以通过大数据、人工智能和复杂算法驾驭和控制 VUCA 世界，但这种信念已经导致了严重后果，如全球金融危机。[22]

相反，组织需要摒弃他们身处一个小世界的信念，也不应该认为所有大世界问题都可以用小世界模型来近似处理，他们需要对不确定性持积极态度。正如弗兰克·奈特所观察到的，在一个充满风险的小世界中，没有利润可言。[23] 没有不确定性，就没有创新和利润，这个世界也不会产生任何新鲜事物。积极的 VUCA 文化不仅看到了一个永远无法完全理解的大世界消极的一面，还指出了其积极的一面，即不确定性为创新、利润和进取精神提供了可能。在这样的文化中，组织不仅关注如何避免不确定性带来的危险，还致力于充分利用其潜能。

以耶稣会（Society of Jesus）为例。耶稣会成立于1540年欧洲的动荡时期。[24] 尽管许多其他宗教团体为其成员规定了大量规章制度，比如禁止在讲座时睡觉或在修道院外穿拖鞋，耶稣会的创立文件却只包含了少数几条规则。较少的规定使得耶稣会士能够创造性地利用各种机会开展传教工作，也使得他们可以在不确定的工作环境中，如在印度和日本等遥远地区，灵活且快速地适应当地环境并采取行动。耶稣会省去了在其他宗教团体中常见的规则（如不要求成员作为一个社区共同祈祷），这提高了规则的灵活性。另一些规定则提供了策略性指导。其中一个策略启发式是重视教育事业投入，这促使耶稣会在全球建立了许多顶尖的教育机构，培养了无数社会领袖。正如这个例子所示，积极的VUCA文化和智能启发式通常相辅相成。

积极的启发式文化

建立积极的启发式文化需要勇气。在一次有关启发式的讨论中，吉仁泽与一位大型国际公司董事会成员讨论启发式，听她讲了以下故事：

我刚加入董事会时，有一次我们在讨论一笔大额的财务投资，所有其他董事会成员（均为男性）都点头表示支持。我对这项投资并不理解，但相信其他人都懂。我不敢承认自己的无知，害怕显得愚蠢。于是，董事会通过了这项投资，结果让公司损失惨重。我从中学到了一个教训："不要购买你不理解的金融产品。"如果有人向我推荐一项投资，我现在敢于说："你有15分钟时间来解释这个产品是如何运作的。如果我听不懂，我就不会买。"

她的做法需要有勇气去承认自己理解力的欠缺。而将这种欠缺视为一个巧妙的线索，以避免陷入不透明的投资陷阱，同样需要勇气。

启发式看起来很简单，这可能是管理者不愿承认使用它们的原因之一。为了培育积极的启发式文化，组织需要承认启发式和直觉（即对启发式策略的无意识使用）也是做出良好决策的合理方式。我们希望通过这本书推动这一潮流。许多家族和创业型企业已经拥有这样的文化。创业型企业重视启发式，因为启发式快速而节俭。这使得企业能够获得先发优势，并缩短产品周期。[25]在许多家族企业中，决策过程相对非正式且依赖直觉，通常不需要详细的报告或耗时的定量分析。这对于企业主尤为明显，因为他们不必向上级或企业外部解释决策理由。

例如，山本山（Yamamotoyama）是一家日本的老字号家族企业，自1690年一直运营至今。该公司只专注生产两种产品，优质绿茶和海苔。为保证公司的成功运营，选择最高质量的原料尤为重要，而这项决策是基于专家判断而非电子表格。公司会组织一个小组，在同一时间、同一地点评估样品。最后，公司总裁山本嘉一郎（Kaichiro Yamamoto）会根据自己的直觉做出最终决定，即使这一决定与公司的测试结果相悖。山本告诉雷越恒（本书作者之一），短期利润最大化并非首要目标，将公司以健康的状态传承给下一代家族成员更为重要，这就是满意启发式的一个体现。

积极的错误应对文化

达尔文的进化论认为，变异是生物进化的驱动力。变异源于生物体代际间遗传物质复制过程中的错误。一些突变是致命的，但另一些突变推动了人类的进化。没有错误，就不会有进化，一切都会停留在永恒不变的小世界中。同样地，在组织中，错误可能带来负面影响，但它们也是不可或缺的，因为错误提供了关于适应、学习和创新的机会。关键在于如何有效地管理错误，既能充分利用它们的潜在价值，又能将损害降到最低。因此，目标并不应该是消除所有错误。然而，许多组织倾向于以片面、消极的角度看待错误，结果导致了功能失调的决策文化。

消极的错误应对文化：人们不希望出错；如果出错了，就试图掩盖；如果掩盖失败，就找某个个人或团队承担责任。

消极的错误应对文化的例子可以在大型企业和医院中见到。在这些组织中，管理人员常常成为指责的对象。因为员工并不傻，他们看到有人因犯错被责备，就会选择隐瞒错误。隐瞒错误导致讨论的机会消失，从而使人们无法采取措施消除错误的根源。相比之下，积极的错误应对文化则有所不同。

积极的错误应对文化：人们预期会有错误发生；如果发生错误，就将其视为宝贵的信息，并公开讨论它们以找出原因。

积极的错误应对文化可以在大多数商业航空公司的驾驶舱和许多家族企业中找到。例如，航空公司设有关键事件报告系统，飞行员在起飞前会检查一个清单。机组管理培训要求飞机驾驶员及机组成员在发现可能的错误时主动报告。而更重要的是，飞机驾驶员不仅要重视这些警示，还不能因为副驾驶员提出意见而对其做出惩罚。[26] 因此，航空飞行非常安全。如果在医院推广类似的安全培训，包括制作检查清单和报告系统，每年就可以挽救成千上万患者的生命。根据美国医学研究院 2000 年的估算，仅在美国，每年就可以挽救 4.4 万至 9.8 万人的生命。[27] 2013 年的一个分析将这一数字更新为每年 21 万至 40 万。[28]

错误实际上可以是有益的，这一点被许多教育部门所忽视。例如，大多数学校讲授数学的方式是：先介绍一个公式，然后让学生通过正确应用该公式，解决各种课本上的数学题。其目标是让学生尽量减少错误。相反，积极的错误应对文化提供了另一种可能：先引入问题而不是公式。其目标是培养学生发现问题解法的能力。为了达到这一目标，学生需要犯错并从中学习。[29]

并非所有问题都有唯一解，即便在数学中也是如此。在这些情况下，意见的多样性并非错误，而是创新和进步的必要条件。换句话说，在不确定情境下，多样性具有生态理性。然而，多样性经常被误认为单单是错误,而这种错误需要被杜绝。一个突出的例子是《噪声:人类判断的缺陷》一书,该书将法官之间的意见差异无条件地视为错误。[30] 要谈论错误,必须存在一个唯一的最佳答案(即靶心),但在商业领域中,这个靶心通常不存在;在该书的两个典型例子,司法裁决和保险核保中更是如此。正如多样性是进化的动力,判断的多样性也并非缺陷,而是成功的秘诀。

错误预防和错误管理

积极的错误应对文化认识到,错误可能会通过以下两步因果链条,带来负面和正面后果:[31]

行为→错误→后果

"错误预防"作用于错误链条的第一步:防止导致错误的行为。然而,这种预防的危险在于,它也可能阻止了有益的错误。事实上,许多重要的发现都源于错误。如果一个错误带来了意外的发现,那就有"无心插柳柳成荫"的效果。回想一下我们在第 6 章提到的 3M 公司的便条纸发明。在尝试开发胶水时,公司研发部门的研究人员失败了,因为胶水粘得不够牢。然而,另一位研究人员意识到,这种粘力不强的胶水可以用于完全不同的用途:将便条纸粘在书页上,既能黏附,又能轻松移除。因此,一个行为导致了一个错误,而这个错误又给 3M 带来了巨大的正面效果。失败转化为成功。

"错误管理"作用于错误链条的第二步。它的首要目标是防止错误带来灾难性后果。例如，核电站配备了防护壳（反应堆周围的物理屏障），这不是为了预防错误发生，而是为了在重大错误发生时控制辐射扩散。第二个目标是从错误中获得积极结果。例如，管理学者凯西·范·戴克（Cathy van Dyck）及其同事编制了一个测量错误管理文化的量表。[32] 员工匿名回答这些条目，包括以下问题：

- 我们的错误指引我们改进的方向。
- 当有人犯错，她/他会与人分享，以免他人重蹈覆辙。
- 如果有人因为错误无法继续工作，他们可以依靠他人的帮助。

这些条目体现了一种有效的错误管理文化，在这样的文化中，错误被用来促进学习、改进和协作。在该研究中，员工描述了他们所在组织的许多部门存在着功能失调的错误文化："在这个组织里，我们不谈论错误。"一位管理者说："我可以接受错误，但一个人犯错太多就会被解雇。"

研究人员发现，组织在错误管理文化量表上的评分每高出一个标准差，其利润就会相应地高出20%。该发现的一个可能原因是，积极的错误应对文化提高了决策质量。例如，决策研究者弗洛里安·阿廷格（Florian Artinger）和他的同事发现，对待错误的积极态度以及更多的员工发声（即员工在发现问题时愿意大胆发声的倾向),与较少的防御性决策相关,这进而避免了组织在咨询公司和其他防御性措施上浪费资源。[33]

人皆犯错,宽恕是德。然而,指责和惩罚犯错的倾向在管理中根深蒂固。宽恕错误不应需要神性,相反,它应当成为人性化错误应对文化的一部分。

12 AI 与心理 AI

2011 年是 IBM 具有里程碑意义的一年。在 2011 年 2 月 16 日播出的热门智力竞赛节目《危险边缘》(*Jeopardy!*)中，IBM 公司的王牌超级计算机沃森（Watson）击败了号称最优秀的人类选手肯·詹宁斯（Ken Jennings），并赢得了 100 万美元的奖金。这是 IBM 的科学家和工程师们多年来的梦想，也是公司绝佳的营销机会。乘着这股宣传势头，IBM 在第二天宣布："我们已经在探索如何将沃森的技能应用于医疗、金融、法律和学术等丰富多样的领域。"IBM 的高管们对沃森背后的尖端算法（主要是在自然语言处理方面）和巨大的计算能力充满信心，他们认为这将成为在未来几十年推动公司发展的引擎，就像过去几十年大型计算机所做的那样。然而，他们的雄心壮志最终以巨大的失望告终。沃森在创收方面举步维艰。在 2011 年的成功后，IBM 在 2021 年的股价相较于十年前下降了 10%。到底哪里出了错？

根据《纽约时报》的报道，IBM 似乎严重低估了沃森在解决现实世界问题时遇到的困难。[1] 在《危险边缘》中，规则是固定的,常识性问题的答案也是确定的,而癌症诊断、投资决策或科研发现则没有明确的规则,其决策结果也受制于许多不可预测的因素。在这种不确定性面前,即使拥有大规模数据,对构建好的人工智能(AI)解决方案,其帮助也有限,因为这些数据在实践中往往是混乱、自相矛盾并且充满错误的。IBM宣称沃森将是一个彻底改变医学领域的"登月计划",但这种说法来自IBM的市场部,而不是那些更清楚实际情况的工程师。例如,MD安德森癌症中心花费了6200万美元购买沃森对癌症治疗的建议服务,但在发现这些建议不可靠,甚至危及患者生命后,他们终止了合同。IBM也承认沃森的水平仅相当于一年级的医学生。不久之后,沃森被拆分出售,其中包括患者的数据。

沃森的失败绝非个例。事实上,在意识到AI的实际表现与人们对它的期待存在巨大差距之后,整个AI领域在20世纪70年代和80年代都经历了所谓的"AI寒冬",其间人们对AI的兴趣锐减。直到21世纪,随着计算能力的大幅提升、大数据技术的普及和机器学习算法的进步,人们才重燃对AI的希望。在沃森和AlphaGo(一个计算机围棋程序)战胜人类顶级选手的光环之下,以及IBM、谷歌等科技公司激进的营销活动之后,很多公司纷纷启动了自己的AI项目。然而,结果令人失望。高德纳(Gartner Research)在2017年的报告中指出,在其调查的大数据项目中,有85%停滞在初级阶段。[2] 该公司在2019年预测,截至2022年底,这些项目产生的分析见解中只有20%能够真正带来商业收益。[3] 此外,关于AI、大数据和其他分析方法未能实现其潜力的详细报告比比皆是。在如此低的实际与预期回报率下,以下的调查结果也就不足为奇了。2022 年一项对 1000 名美国公司高管的调查发现，只有 27%、24% 和 11% 的受访者表示，他们的公司曾在过去的 12 个月使用 AI 来"改进决策制定""改善员工体验和技能习得""增强股东信任"。[4]

但由此得出人工智能在商业中普遍失败的结论是不公平的。事实上，AI 算法在某些领域取得了巨大的成功，比如自动化和物流。因此，重点在于生态理性：在什么情况下应该使用 AI？在本章中，我们将复杂的 AI 算法与简单的启发式进行对比，从生态理性的角度探讨它们，并提出企业在未来的繁荣发展必须两者兼顾。我们的核心观点是：明智的组织和领导者应当意识到复杂 AI 算法存在局限性，并注意到简单的启发式在决策中往往更有用。

稳定世界法则

为什么 AI 算法可以在国际象棋、围棋和《危险边缘》中击败最优秀的人类选手，却无法在预测罪犯再犯率或找到合适伴侣方面超过普通人？[5] 我们可以从第 2 章介绍的小世界和大世界的区别中找到答案。"稳定世界法则"定义了 AI 算法所擅长的领域和边界。

稳定世界法则：复杂的算法在问题界定清晰、稳定且有大量数据的情境中表现更好，而适应性启发式是为了应对不确定性而演化出来的，不论数据量大小，都能发挥作用。

这个法则揭示了为什么 AI 算法在某些问题上表现出色，而在其他问题上却效果不佳。沃森在《危险边缘》上的成功与医学研究上的失败就是一个例子，因为与《危险边缘》不同，癌症治疗并非一个规则稳定且定义明确的问题。

西蒙是人工智能的奠基人之一。他研究专家在解决问题时使用的启发式，以及如何将这些启发式应用于软件设计，从而使计算机变得更智能。启发式搜索是 AI 发展的重要一步，它能够处理早期基于逻辑规则的 AI 无法解决的不确定性和难解性问题。因此，AI 与启发式之间不存在真正的竞争。尽管 AI 在国际象棋和围棋等领域取得了令人瞩目的成就，但这些成就并非基于"心理 AI"，而是依赖于强大的计算力。正如第 2 章所述，心理 AI 分析人类使用的启发式，并将它们应用于计算机算法，以提高 AI 的智能水平。然而，当前的多数机器学习算法在处理问题时，并没有利用人类大脑进化出的机制。尽管有些复杂的网络被称为"深度人工神经网络"，但它们与人类智能几乎没有关系，实际上只是复杂的、递归的非线性多元回归模型。因此，我们提出的对立并不是在 AI 算法和启发式之间，因为启发式（如 $1/N$ 法则和快速节俭树）也属于算法，而是在于复杂算法（如随机森林和深度学习）与简单、适应性的算法（启发式）之间。

稳定世界法则有助于厘清复杂算法与启发式之间的关系。如果一个问题定义明确且具备跨时间的稳定性，那么使用复杂算法和大数据通常会带来理想结果；如果不是，简单的启发式可以同样准确，甚至更好，同时更透明易懂。在接下来的内容中，我们将展示几个案例，并在这些案例中对比基于心理 AI（即受心理学启发的简单启发式）和复杂机器学习算法的不同解决方案。

预测客户购买行为

在第 2 章中,我们提到过间隔启发式,这是经验丰富的经理用来预测客户是否会继续购买产品的一种方法。这种单一巧妙线索启发式通过一个简单法则判断:如果客户在 x 个月内没有购买行为,列为"非活跃客户";否则,列为"活跃客户"。据《纽约时报》报道,[6]早在 20 世纪 80 年代,航空公司就开始使用间隔启发式来判断会员的活跃度。尽管如此,大多数研究还是倾向于开发和优化复杂的预测模型,而不是研究这些经验丰富的管理者如何在实践中预测客户未来的购买行为,并从中汲取教训。

在市场营销领域,马库斯·维本(Markus Wibben)和弗洛里安·冯·旺根海姆(Florian von Wangenheim)对比了间隔启发式与两种常用的统计模型(Pareto/NBD 模型和 BG/NBD 模型)的预测准确性。[7] 他们在三家公司进行了测试,每家公司提供了超过 2000 份客户数据。结果发现,间隔启发式的预测准确性最高。有趣的是,研究人员通过估算间隔启发式中唯一的自由参数(即 x 个月的休眠期)得出的最佳值,与公司经理们通过直觉设定的值(大约为九个月)非常接近。

后续的一项研究考察了零售行业的另外 24 家公司,[8]并且引入了更强大的竞争模型,即随机森林和正则化逻辑回归这两种机器学习算法。如图 12-1 所示,这两个新模型的预测准确性确实优于之前那两个统计模型,但它们的表现依然未能超过间隔启发式。因为客户的购买行为并非发生在一个稳定的环境中，结果受到太多因素的影响。在这种情况下，更简单的算法可以产生更好的预测效果（少即是多）。

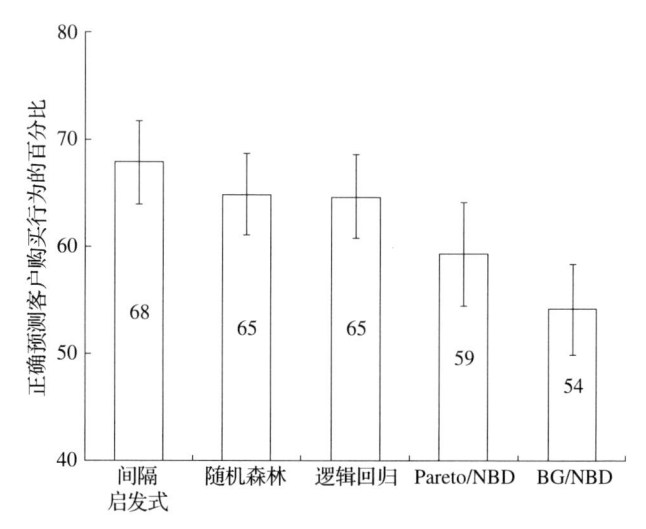

图 12-1　间隔启发式与其他统计模型的预测准确性对比

注：间隔启发式在预测客户购买行为方面的表现，它与机器学习算法（随机森林和正则化逻辑回归）以及统计模型（Pareto/NBD 和 BG/NBD）一样出色，甚至更优。这些结果基于 24 家零售企业的消费者数据。误差线为标准误差。NBD = negative binomial distribution，负二项分布；BG = beta geometric，贝塔几何分布。数据来自 Artinger et al.（2018）的研究。

在这些研究成果的启发下，柏林的一个研究团队采访了几位经理，了解他们如何预测客户未来为公司带来的销售收益。[9]这些经理供职于一家销售手机游戏内购产品（如特殊装备和角色）的技术公司。为帮助公司尽早识别高价值客户，他们常常需要在客户仅玩了七天游戏后，就预测该客户在未来一年为公司带来的

可能收益。"乘数启发式"是他们频繁提到的策略,即将客户在前七天带来的收入乘以6。这个启发式的通用定义如下:

乘数启发式:预测某客户、某产品或某商店未来的销售收入,是其在观察期内产生的收入乘以一个常数 X。

研究人员随后在五款手机游戏中测试了乘数启发式的预测准确性。每款游戏用于测试的玩家数量都非常大,样本量从4.2万到21.6万不等。研究者检验了两个版本的启发式:一个是原始的"乘以6"版本(没有自由参数),另一个是将乘数作为自由参数可根据不同游戏进行调整的版本。结果发现,将乘数作为可变参数并没有带来更多优势,两种版本的预测准确性相当。更重要的是,这两种启发式与三种机器学习算法,即套索回归、岭回归和随机森林,预测准确性相当(见图12-2的上半部分)。

为了检验结果的普遍性,研究人员使用乘数启发式预测了除手机游戏内购之外的其他类型的销售收入,包括单个客户在某商店产生的消费、某公司特定产品(如某软饮料公司的碳酸饮料)带来的收入,以及零售连锁店(如沃尔玛)旗下各个门店的年度收入。研究人员收集了15个不同的数据集,这些数据集的数据点数量极为悬殊,从最少的13个到最多的33520个。结果显示,管理者针对特定任务(即预测手机游戏内购收入)设计的乘以6启发式在这些新任务中不再有效,因为预测目标和领域发生了变化。然而,当将启发式的唯一参数(即乘数)根据每个新任务的数据进行调整后,其表现非常出色:乘以 X 启发式的预测误差低于三种机器学习算法（见图 12-2 的下半部分）。这表明，启发式可以灵活地适应新任务。

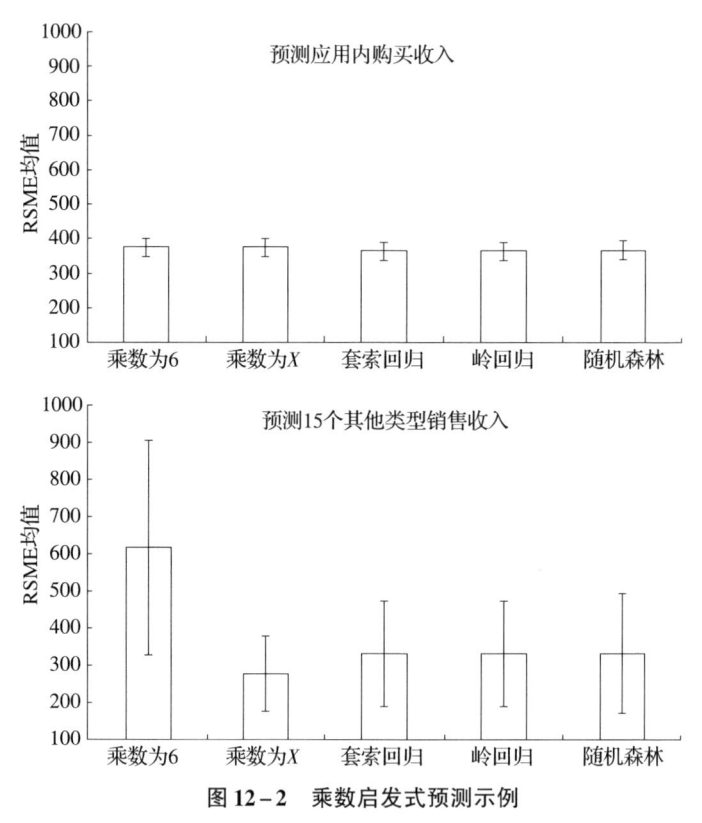

图 12-2　乘数启发式预测示例

注：使用乘数固定为 6 的乘数启发式预测应用内购买收入，其预测效果与复杂的机器学习算法一样好（上图）。对于不同的收入预测任务，使用固定乘数的启发式效果较差，但在根据具体数据对乘数进行不同估算后（即乘数为 X），乘数启发式的表现优于同样进行参数估计的机器学习算法（下图）。RMSE 为均方根误差（Root-mean-square error）。误差线为标准误差。对 15 个不同任务的表现取平均值时（下图），其误差条远长于对同一个应用内购买任务的五次测量取平均值（上图）。数据来自 Artinger、Kozodi 和 Runge（2020）。

心理 AI

乘数启发式和间隔启发式是心理 AI 的实例。[10] 心理 AI 秉承了西蒙、艾伦·纽厄尔等 AI 先驱的最初愿景：分析专家如何做决策，并将专家启发式纳入软件编程，以使计算机更智能。这种方法与大多数机器学习方法存在本质差异，后者依赖于统计算法，忽略了人类大脑在大世界中处理问题的方式。例如，儿童在看到一只或几只猫后就能识别出猫，而深度人工神经网络则对猫毫无概念，并需要在成千上万的图片上训练，才能达到与儿童相当的识别水平。

生成式 AI，如 ChatGPT，属于另一类深度神经网络。它之所以特别且受欢迎，是因为大众可以与它直接互动。ChatGPT 在回答问题方面表现异常出色，以致用户常误以为 ChatGPT 能够"理解"他们的问题，虽然这并不是生成式 AI 的工作原理。顾名思义，生成式 AI 只是根据之前的词生成最可能出现的下一个词，类似智能手机上的输入预测功能。它生成语言的方式与人类生成语言的方式有着本质区别。实际上，ChatGPT 等大语言模型基于概率而非真实性来运作。它们掌握的数据越多，给出正确答案的可能性就越大。虽然我们将它们生成的错误句子称为"幻觉"，但事实上生成式 AI 并不会产生幻觉，它仅仅是一个统计预测机器。因此，它需要消耗大量能源。不考虑日常使用产生的能耗，仅仅是训练 GPT-3（即 ChatGPT 的最初版本）就会耗费超过 1200 兆瓦时的能量，而这足以满足一个美国普通家庭 120 年的用电需求。[11] 相比之下，人类大脑的运行功率是 20 瓦，比很多灯泡的功率还低。

人类大脑在进化中获得能够在数据稀缺、能量有限和高度不确定性环境下高效运作的能力。AI 可以更好地利用这种进化出的智慧。

选择更优秀的员工

选聘优秀员工对组织的发展至关重要，但预测哪些应聘者能够在岗位上表现出色并不容易。应聘者的技能与个性是否适合工作团队、在任职期间遭遇的重大生活事件，以及诸如领导层变动等意外情况，都会影响其工作表现。在招聘时看似合适的员工，随着时间推移，可能会变得不再适合。总之，招聘是一个充满不确定性的大世界问题。

正如第 4 章所述，差值推理启发式可以帮助管理者在两个应聘者之间做出选择。运用这一启发式时，管理者会依次查看多个线索，并在第一个线索上根据预设的差值，选择表现更好的应聘者；如果两个应聘者在该线索上的表现不相上下，管理者将继续检查下一个线索，以此类推。如同前述的其他启发式，差值推理旨在描述人们如何做决策，因此也是心理 AI 的一个例子。那么，它能否比复杂的机器学习算法做出更好的招聘决策？我们在一项包含236名求职者组成的超过5万个配对比较任务中（见图4-4），比较了差值推理启发式和逻辑回归的选聘准确性。随后，我们还评估了三种机器学习算法的表现：套索回归、随机森林以及支持向量机。[12] 如图12-3所示，无论学习机会（指从数据中获取有效信息的机会）是稀缺、适中还是充足，[13] 差值推理启发式都比其他算法更频繁地选出表现更好的应聘者。差值推理启发式的优势尤其是在学习机会稀缺时更明显。

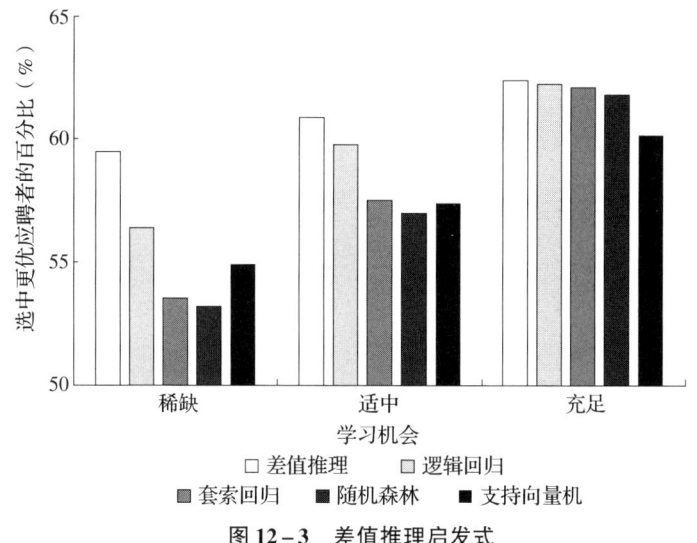

图12-3 差值推理启发式

注：在一个人员招聘任务中，差值推理启发式比机器学习算法更频繁地选中更优的应聘者。无论学习机会稀缺、适中还是充足（对应的随机样本量分别为30、100和1000），差值推理启发式的优势都保持不变，且这种优势在学习机会稀缺或适中时尤其显著。数据来自Luan等人（2019年）的研究。

与之前讨论的关于间隔启发式和乘数启发式的研究不同，差值推理启发式的参数设置（即线索搜索顺序和适用每条线索的比较差值）并非来自管理者的经验。相反，就像大多数机器学习算法一样，我们采取了一种数据驱动的方法。鉴于本研究（以及本书所涵盖的众多其他研究）的结果，我们建议数据分析师始终牢记，在不确定情境，简单的启发式往往能与复杂算法媲美，甚至表现更好。我们鼓励人们在自己的数据中尝试应用这些启发式模型。这一观点近年来也得到了机器学习界的响应。[14]

识别高风险贷款

截至2022年第三季度，中国商业银行的不良贷款总额已达3万亿元人民币。[15] 而这只是官方数字，实际金额可能更高。银行如何才能做出更好的贷款决策？本书作者之一栾胜华的一位合作者在中国最大的银行之一工作了十余年，专门负责中小企业贷款。她收集了411家已获得贷款且还款情况已知（按时还款或违约）的企业数据。基于这些数据，她确定了银行在审核贷款申请时考察的17个通用线索，并对每家申请贷款的公司进行了线索编码。那么，银行该如何利用这些线索来区分高风险和低风险的贷款申请呢？[16]

为了回答上述问题，我们首先招募了19位资深的银行经理，了解他们在贷款决策上的表现，并将其作为后续评估其他方法或工具效果的基线。这些经理们平均拥有超过十年的贷款业务经验。我们给他们每位提供了 20 份贷款申请文件，每份文件都列明了上述 17 个线索的具体数值，随后请他们对这些贷款申请做出"高风险"（拒绝贷款）或"低风险"（批准贷款）的评估。接下来，我们使用了四个最能指示良好贷款表现的线索，为这个任务构建了快速节俭树。当四个线索以相同顺序排列时，我们一共可以构建八个快速节俭树（三个线索时则是四个；见第 4 章的图 4-3）。

这些快速节俭树在平衡两种潜在决策错误时有所不同，这两种错误一个是假阳性错误（即批准了之后会违约的贷款申请，又称误报），另一个是假阴性错误（即拒绝了实际上能够履行还款义务的贷款申请，又称漏报）。在图 12-4 的下半部分，我们将这八个快速节俭树的决策表现绘制在了一个"接收者操作特征曲线"（receiver operating curve，ROC）上。一般来说，在一条 ROC 曲线左侧的决策树有较低的假阳性率，但这是以较高的假阴性率为代价的；而曲线右侧的决策树则在降低假阴性率的同时，不得不面对假阳性率的上升。从曲线上看，最左侧的决策树（即 FFT_{HHH}）以及最右侧的四个决策树都没有很好地平衡这两种错误。因此，银行应该在其余三个快速节俭树中进行选择，其中两个见于图 12-4 的上半部分。

例如，银行经理采用图 12-4 左上方的快速节俭树进行贷款决策时，首先会检查申请者的征信报告是否存在问题。如果存在问题,这份贷款申请将被判定为高风险并被拒绝。如果没有问题,就继续考察第二条线索,即申请者的存贷比是否低于5%。如果是,该申请同样会被判定为高风险;如果不是,则继续考察第三条线索,以此类推。需要注意的是,在是否放贷的决策过程中,这个快速节俭树的前两个判断结果都是"高风险",这有助于银行避免假阳性错误。相比之下,图12-4右上方所示的快速节俭树前两个判断结果中只有一个判断结果为"高风险"。这个设置虽然增加了犯假阳性错误的风险,但却提高了真阳性率,从而降低了犯假阴性错误的概率,使银行能够向更多合格的企业提供贷款。

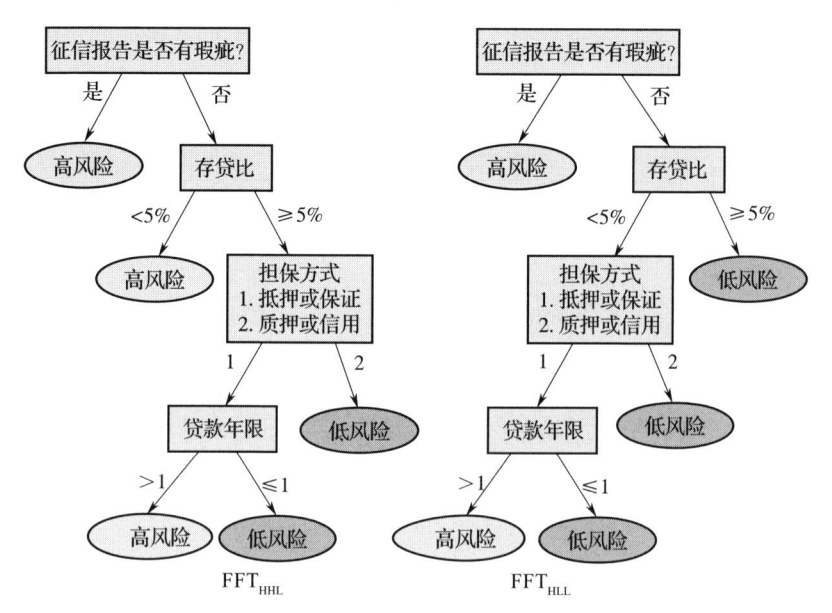

图12-4 快速节俭树在贷款决策中的应用示例

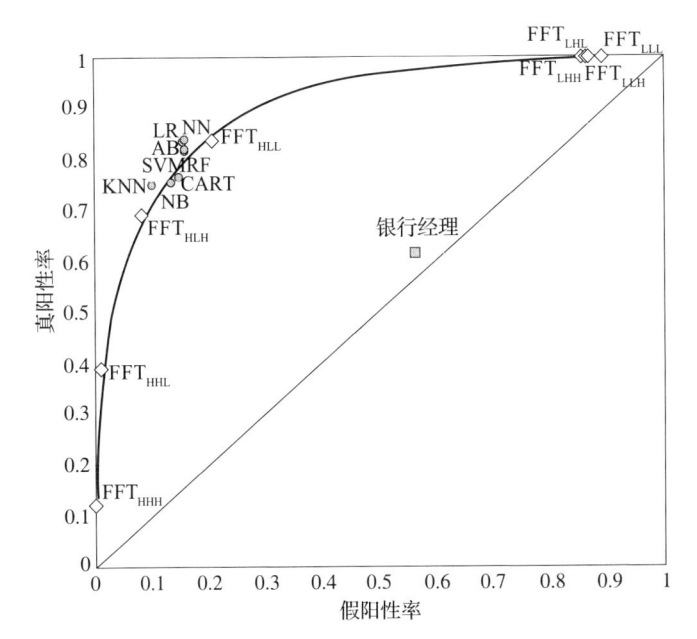

图 12-4 快速节俭树在贷款决策中的应用示例（续）

注：银行经理可以利用快速节俭树提高他们的贷款决策质量。在这个任务中，快速节俭树不仅决策过程透明，其决策表现与更复杂和不透明的机器学习算法也一样好。图的上半部分展示了两个可用的快速节俭树，下半部分则展示了所有八个可能的快速节俭树的决策表现，以及银行经理和八种机器学习算法的表现。每个快速节俭树由按相同顺序排列的四个线索组成，高风险出口表示申请贷款的企业更有可能违约，从而应该给出"拒绝"其贷款申请的建议。我们根据前三个线索的出口类型给这些快速节俭树进行了命名。例如，FFT_{HHL}的三个出口分别指向"高风险""高风险""低风险"。银行经理审批贷款的真阳性率和假阳性率是基于19位经理所做的380个决策得出。缩写说明：FFT = 快速节俭树；LR = 带 L2 正则化的逻辑回归；KNN = k 最近邻；NB = 朴素贝叶斯；CART = 分类和回归树；RF = 随机森林；AB = 自适应增强；NN = 神经网络；SVM = 支持向量机。数据来自 Liet al.（2022）的研究。

图12-4下半部分中的实线对角线代表随机决策的表现。如果银行不加区分地批准所有的贷款申请，那么假阳性率和真阳性率都是1，对应图中最右上角的点。如果银行随机批准一半的贷款申请，那么假阳性率和真阳性率都是0.5。从图中可见，银行经理在贷款审批上的表现仅略高于随机水平。如果他们采用讨论中提及的某种快速节俭树进行决策，他们的决策表现将显著提升。

复杂的、不透明的机器学习模型能否比透明的快速节俭树做出更好的贷款决策？为了探究这个问题，我们测试了包括支持向量机、随机森林和神经网络在内的八种强大的机器学习算法。这些算法利用了所有17个线索，并以复杂的方式对它们进行处理。从图12-4的下半部分可见，平均而言，这些算法的表现并未明显优于快速节俭树。我们使用d'这一指标来评估不同模型的表现，它综合考虑了假阳性率和真阳性率。结果显示，机器学习算法和快速节俭树的表现相近，它们的d'都在1.90左右。

相比之下，银行经理的表现出人意料地差，他们的d'仅为0.13（随机水平为0），类似的情况在医学领域也存在。事实上，正是急诊科医生在识别心脏病患者方面的不足，才促使学者李·格林（Lee Green）和大卫·梅尔（David Mehr）开发了医学领域中首个快速节俭树。[17] 解决这一问题的一个方法是培训医生和银行经理，使他们能够系统化地开发和使用快速节俭树。在《真实世界中的分类问题》一书中，康斯坦丁诺斯·卡齐科普洛斯（Konstantinos Katsikopoulos）与他的同事介绍了快速节俭树在众多其他分类任务中的卓越表现，并指导读者如何利用定量和定性数据构建快速节俭树。[18] 总而言之，这项研究再次表明，启发式可以在大世界中作为有效的决策工具。更重要的是，与大多数机器学习算法不同，快速节俭树的决策规则完全透明，这便于管理者们理解、教授以及根据实际情况进行调整。

跨群体预测

在本章介绍的所有研究中，研究者都使用了交叉验证方法来评估不同启发式或算法的预测准确性。交叉验证的基本原理是将整个数据集一分为二，一部分用作模型的学习样本，另一部分用作测试样本。研究者首先在学习样本中对模型的自由参数进行估计，然后在测试样本中检验模型的表现，即考察其预测准确度。这种方法广泛应用于机器学习和数据分析领域，被称为"样本外预测"（out-of-sample prediction），它是个比数据拟合更好的方法。在数据拟合中，研究者使用整个数据集估计模型参数，而模型的准确性取决于它对所有数据的拟合程度。数据拟合常常将随机噪声误认为数据中的规律，导致模型过拟合现象（即模型对学习样本过于敏感，从而失去了泛化能力）。然而，许多商业领域的研究者及从业者尚未意识到使用拟合而非预测的方法可能带来的问题。这助长了"复杂性幻觉"，即认为复杂的策略总是比简单的策略更准确。尽管复杂策略拥有众多自由参数，可以更好地拟合学习样本，但其样本外预测能力未必更强。

尽管一个模型在样本外预测上表现出色，但将其应用于跨群体（out-of-population）预测时仍可能面临挑战。跨群体预测是指在一个群体的数据集上训练模型，然后用这个模型来预测另一个群体的数据模式。在这里，"群体"的定义比较宽泛，它可以是一群人、一个商业领域，或者在特定时间或地点发生的事件。在一个 VUCA 世界中，模型在不同群体间的普适性往往受到质疑。例如，在贷款决策的案例中，为 21 世纪 10 年代在大城市运营的小公司开发的有效模型，可能在面对同时期其他类型的公司时失效，甚至对 21 世纪 20 年代的同类型公司也可能不再适用，因为影响贷款决策的线索、政策和经济环境等因素都可能发生变化。乘以 6 启发式是另一个例子：它在预测应用内购买收益时表现良好，但对其他类型收益的预测则不然。在这种情况下，解决方法是通过分析数据来找出适用于其他领域的乘数。接下来，我们将举两个医疗健康领域的例子，以进一步说明这一问题。

在 2020 年新冠疫情暴发后，为了帮助诊断患者和调配资源，世界各地的医院和医学研究人员开发了上百种 AI 算法。如果这些算法能够有效运作，不仅能够挽救无数生命，还具有巨大的商业潜能。然而，到了 2021 年，也就是疫情暴发两年后，多项综述研究指出，这些算法大多无效，有些甚至可能带来危害。[19] 造成这种巨大失败的原因很多，其中一个主要原因是这些算法难以适应与训练数据不同的情境。

其中一个综述研究的共同作者德里克·德里格斯（Dereck Driggs）提到，他在剑桥大学的团队用一组胸部扫描数据来训练算法，这些数据包括患者躺卧或站立时的扫描图像。[20] 由于躺着扫描的患者往往病情更严重，算法错误地使用了这个很有区分度但实际上无效的线索（即身体姿势），来分辨高风险和低风险患者。在另一个案例中，研究人员用健康儿童的扫描图像作为非新冠患者的样本来训练算法。结果这些算法学会了区分儿童和成人，但未能区分大多数为成人的未感染者和感染者，因此几乎没有诊断价值。这些例子表明，即使在样本外预测表现出色，算法在进行跨群体预测时仍可能失效，因为它们可能会误用与实际任务无关的线索。

Epic Systems（简称 Epic）是美国最大的医疗软件公司。截至 2021 年，其软件已在全球 2400 多家医院中使用，并管理着约 2/3 美国人口的医疗记录。凭借丰富的数据，Epic 开发了多种基于 AI 的医疗诊断算法。例如，其用于识别败血症的模型已在美国医院广泛使用。由于该模型属于专利技术，如同多数黑箱（不透明）算法，外界对其工作原理知之甚少，但这并不妨碍研究人员测试其诊断有效性。在一项研究中，研究团队分析了 38000 次住院记录，发现其中有 2552 名患者最终被确诊为败血症，而 Epic 的模型漏诊了其中的 67%。不仅如此，在模型报出的 7000 个败血症警报中，只有 12% 是有效预警，导致了大量误报（即假阳性结果）。[21] 总体而言，使用该模型不仅使许多患者身陷险境，还浪费了大量的医疗资源。

这项研究并非个例。另有研究发现，Epic 的败血症模型的准确性多年来持续下降，到研究末期仅略高于随机猜测水平。[22] 造成下降的主要原因是"数据漂移"（data shift），即随着时间推移,群体特征发生变化,而算法却依然停留在其训练时的状态。Epic 败血症模型失败的具体原因有两个:一是疾病编码系统发生改变,但模型并未随之更新;二是新患者群体的大量涌入。在意识到这些问题后,Epic 对模型进行了修改,但新模型是否会显著改进仍有待观察。

总体而言,相比于启发式,复杂算法在处理跨群体预测问题时会面临更多的挑战。这些算法往往由于过于不透明,使人们难以理解它们会在何时以及为何会出错,因此改进起来也相对困难。

在透明中建立信任

黑箱算法在用于决策时可能引发的一系列问题。第一,黑箱算法强大但顽固,一旦决定做出,就很难被推翻。第二,人类操作者往往对这些算法的决策过程一无所知,当算法出现错误时,他们也对如何纠错束手无策。第三,算法从反馈中学习的速度显得很慢,可能是因为找出编程错误本身就非常耗时,或是由于系统过于复杂,改变一段代码可能会意外引发其他错误。第四,算法从人类手中接管决策权,这样做虽然有助于快速处理大量数据和提高效率,便于系统的大规模推广,但一旦决策出现失误,就很难追究到底是谁负责。第五,掌控这些算法的人可能会滥用它,即使没有滥用,外部人士也可能因决策过程的不透明而怀疑存在滥用。越来越多的世界各地的很多组织机构在用黑箱算法监控员工的日常活动,并为招聘、解雇和晋升等决策提供依据。

人类世世代代都在发明工具和机器,以提高生产力,让生活变得更轻松。在过去,透明性并不是一个重要问题,因为磨坊、汽车和电话都是由各种部件组成,而每个部件的功能都非常明确。然而,复杂的 AI 算法却是一种截然不同的工具。用户看不到这些算法的组成部分,也难以理解其内部工作机制。人们倾向于信任透明的事物,因为这样我们才能够理解、检查和改进它们。因此,只要 AI 算法缺乏透明性,人们就很难真正信任它们所做的决策。

未来展望

在一个日益以技术驱动的世界里,多数企业都害怕错过最新趋势、被时代淘汰。AI 似乎就是这样一个不容错过的潮流。然而,在投入大量资源用于招聘 AI 工程师、购入设备和软件,以及改造业务运营之前,企业应当全面评估这些决策的收益与风险。根据稳定世界法则,复杂的 AI 算法可以为那些数据充足、意外较少的小世界问题提供出色的解决方案。然而,当面对一个数据不可靠、意外频发、存在众多不受控因素的大世界时,这些算法将面临严峻挑战。不仅如此,无论是否有效,黑箱算法都会因其缺乏透明性而引发质疑和担忧。

相反,智能启发式则在充满不确定性的世界里表现良好。广义上,启发式仍属于 AI 算法,但这里的 AI 更偏向心理,这意味着两个层面的含义：一是它们源于人类的经验和智慧，体现了西蒙对人工智能的原始构想；二是它们满足了人类对透明度、信任感、公平性和隐私保护等的心理需求。这种 AI 对企业、领导者和员工更有帮助。正如苹果公司的首席执行官蒂姆·库克（Tim Cook）所说的："人工智能要实现真正的智慧，就必须尊重人类的价值观。如果我们在这一点上犯错，后果将不堪设想。"[23]

展望未来，我们建议 AI 开发者定期评估是否可以用同样准确但透明的智能启发式算法，替代复杂的不透明算法（如神经网络）。为此，本书所介绍的各种启发式或许能提供一些灵感。此外，政府应该强制要求涉及敏感评分（如信用评分）的黑箱算法必须对公众透明。如果条件允许，各组织机构也应采取类似做法，向管理者和员工明确告知哪些信息被输入到算法中，这些信息如何处理，以及为何会做出某个决策而不是其他决策。

13 在商学院应该学到什么

有人可能认为美国总统通常拥有顶尖商学院的学位,因为他们毕竟领导着极其庞大、复杂且强大的美国政府。然而,乔治·W. 布什(George W. Bush;小布什)是唯一一位获得工商管理硕士(MBA)学位的总统,他的学位来自哈佛商学院(见表 13-1)。[1] 只有少数几位总统在本科阶段学习了经济学,其中包括唐纳德·特朗普。巧合的是,小布什和特朗普都位列美国现代史上最糟糕的总统之列。[2] 其他总统则拥有不同领域的学位,其中法学最为常见。

表 13-1 自 1945 年以来的美国总统及其高等教育背景

总统	任期	排名	研究领域、学位
哈里·杜鲁门	1945—1953	2	法律、无学位
德怀特·艾森豪威尔	1953—1961	1	军事学院
约翰·肯尼迪	1961—1963	3	政府、文学学士(BA)
林登·约翰逊	1963—1969	6	历史、理学学士(BS)
理查德·尼克松	1969—1974	12	法律、法学学士(LLB)

（续）

总统	任期	排名	研究领域、学位
杰拉尔德·福特	1974—1977	10	法律、法学学士（LLB）
吉米·卡特	1977—1981	9	工程学、理学学士（BS）
罗纳德·里根	1981—1989	4	经济学和社会学、文学学士（BA）
乔治·H. W. 布什	1989—1993	8	经济学、文学学士（BA）
比尔·克林顿	1993—2001	7	法律、法律博士（JD）
乔治·W. 布什	**2001—2009**	**11**	**管理学、工商管理硕士（MBA）**
巴拉克·奥巴马	2009—2017	5	法律、法律博士（JD）
唐纳德·特朗普	2017—2021	13	经济学、文学学士（BA）
乔·拜登	2021—2025	无	法律、法律博士（JD）

注：此表展示了自1945年以来历届总统的学习领域和最高学位。只有一位总统获得了工商管理硕士学位（以粗体显示）。表中还展示了他们在2021年C-SPAN总统领导力表现排名中的位置（仅限1945年之后的任期）。C-SPAN是一个非营利性公共服务网络，专门直播和报道美国政府事务，以其直率的风格著称，定期发布总统领导力的表现排名。数据来源：弗吉尼亚大学米勒中心（https://millercenter.org/president）；C-SPAN(https://www.c-span.org/presidentsurvey2021/?page = overall)。

政治家没有商学学位的情况并非美国独有。英国历任首相的学科背景各不相同，包括古典文学（鲍里斯·约翰逊）、法律（托尼·布莱尔）、化学（玛格丽特·撒切尔）、地理（特蕾莎·梅）和冶金学（内维尔·张伯伦），但没有一位获得商学学位。其他国家的情况也类似。例如，在德国，前总理安格拉·默克尔拥有物理学博士学位，而任期最长的总理赫尔穆特·科尔则获得了历史学博士学位。

商学院教育可能没你想象的那么有用

为什么美国总统很少拥有商学学位？而唯一拥有商学学位的总统为何表现不佳？著名的管理学者亨利·明茨伯格对商学院（特别是 MBA 学位）教育存在的问题有以下看法：[3]

MBA 学生进入顶尖商学院时，通常聪明、坚定且富有进取心。在那里，案例研究教会他们如何对不熟悉的情况侃侃而谈，而各种分析技巧则让他们产生一种错觉：自己可以解决任何问题，且无须深入的实践经验。毕业时，他们自信满满，不仅因为出身于"正统"商学院，还因为拥有助力他们跻身上流社会的校友关系网。那么，接下来他们会怎样呢？

答案往往是：管理绩效糟糕，不道德行为时有发生，最终成为失败的领导者。臭名昭著的安然公司首席执行官杰弗里·斯基林（Jeffrey Skilling）曾就读于哈佛商学院，他因商业犯罪在联邦监狱服刑多年。同样毕业于哈佛商学院的前麦肯锡咨询公司总经理拉杰特·古普塔（Rajat Gupta），也因内幕交易罪被判入狱。MBA 学位可以帮助毕业生跻身上流社会，但不一定能让他们经营表现出色或具备道德操守。

可能会有人反对，说这只是少数几个害群之马。然而，在调查了 1990 年被认为是哈佛商学院超级明星的 19 位校友的表现后，明茨伯格和约瑟夫·兰佩尔（Joseph Lampel）发现他们中有十人毕业后是失败的：他们的公司破产，自己被迫辞去 CEO 职务，或者遇到类似的不良后果；另外还有四人的表现令人存疑。从长远来看，只有五名所谓的超级明星表现良好。这与人们的期望大相径庭！

当然，表现不佳的领导者并不仅限于哈佛商学院的毕业生。事实上，这个问题非常普遍且具有系统性。一项研究调查了曾登上《福布斯》等商业杂志封面的 444 位 CEO，结果发现，拥有 MBA 学位的 CEO 在后续表现上明显不如没有 MBA 学位的 CEO。研究作者将这一发现归因于这些 CEO "追求高成本的增长战略，缺乏维持良好业绩的能力，以及倾向于通过高薪获取个人利益（即更关注自身薪酬而非公司的长远发展）"。七年后，这个差距仍然存在。[4] 另一项由同一作者进行的后续研究，将样本量扩大至 5004 名 2003 年至 2013 年的美国 CEO，再次证实了这些结果。作者总结道："我们发现，有 MBA 学位的 CEO 比没有 MBA 学位的 CEO，更倾向于采取短期策略，如激进追求盈利和压制研发。虽然这些策略短期内可以改善财务表现，但却削弱了公司长期的创新能力和竞争力，最终导致公司市场估值受损。"[5] 这样看来，商学院教育遵循和决策一样的规律：少即是多，没有 MBA 学位的领导者可能表现更好。

那些大型科技公司创始人又如何呢？他们是否花时间去攻读商学学位？许多人并没有。苹果联合创始人史蒂夫·乔布斯在里德学院只读了一年就退学了。亚马逊创始人杰夫·贝索斯在普林斯顿大学获得了电气工程和计算机科学的学士学位。特斯拉创始人埃隆·马斯克毕业于宾夕法尼亚大学，主修经济学和物理学；后来他前往加州的斯坦福大学深造，但很快放弃学业，转而创业。脸书创始人马克·扎克伯格从哈佛大学退学，当时他主修计算机科学和心理学。谷歌联合创始人谢尔盖·布林和拉里·佩奇则在斯坦福大学学习计算机科学。显然，对于许多大型科技公司的创始人来说，拥有商学学位并不是成为成功企业家和领导者的必要条件。有趣的是，他们的继任者通常都有MBA学位，如苹果的蒂姆·库克和谷歌的桑达尔·皮查伊（Sundar Pichai）。

讲授适应性工具箱

明茨伯格给出了商学院教育为何经常达不到预期效果的答案：它过于注重抽象的分析方法和案例研究分析。这种教学法更可能提高学生的自信心，而非真正培养他们的领导力和决策能力。而且，它所提供的技能——复杂的定量分析，以及令人信服地表达和展示这些分析的能力——可能更有助于学生登上高位，但不是在高位上表现出色。

我们已经知道例如期望效用最大化和复杂决策树等定量分析方法存在问题：它们适用于可预测风险的世界，而非充满不确定性的环境。在商业中，小世界包括如第11章所讨论的工厂内部的常规生产过程。但是，一旦考虑到工厂大门外的物流和供应链，控制、可预见性和小世界假设就会失效。在2021年由新冠疫情、严格的封控以及芯片短缺共同引发的供应链问题，就清楚地证明了这一点。

商学院大量使用案例研究,要求学生进行定量分析,以及逻辑性强的定性分析和论证,同时告诫学生要考虑案例中的所有事实;这是一种基于"多即是好"思维的策略,目标是提出逻辑一致的分析和行动计划。然而,在实际的商业世界中,策略匹配性比逻辑一致性更重要。匹配性是指组织机构采取的行动与环境条件相符,从而产生积极的结果。[6] 换句话说,最重要的是生态理性,而不是逻辑理性。然而,商学院不仅优先考虑逻辑理性,而且很少将生态理性当作一个可信的替代选项。当然,这并不是说学生在商学院学不到任何有用的东西。他们接触到新的想法和概念框架,参与体验练习和辩论,结交朋友并扩大他们的关系网。然而,商学院的教育仍有提升的余地。

向智能启发式转变

商学院能够也需要做得更好,以帮助学生们在未来不确定、不可完全预知、无法完全控制的情况下做出有效决策。将教学的重点转向智能启发式,将有助于提升商学院教育的实用性,同时确保其建立在坚实的理论模型和严格的实证研究基础上。

不幸的是,很少有商学院讲授启发式决策的科学原理和应用艺术。相反,在金融、战略、市场营销、领导力和人力资源等多个学科中,启发式几乎总是与偏差联系在一起,消极地将决策者描绘成认知能力不足的"认知吝啬鬼"。世界各地的从业者使用的适应性决策法则被贬为低劣无效的。无论是明示还是暗示，都传达了这样一个信息：使用启发式决策的人，在专业性和思想成熟度上都不如使用复杂分析模型的同行。[7] 最受重视的决策模式是最优化和效用最大化模型，因为它们给做出的决策披上"科学性"的外衣，而这正是某些商学院极力追求的。[8]

然而，正如我们在本书中所强调的那样，在管理决策中常见的不确定性情境中，当所有的未来状态、结果和概率都未知或不可知时，最优化是不可能的。因此，尽管这些模型看似严谨且具有吸引力，但在VUCA世界中，它们对做出更好的决策帮助有限。它们不应该被视为在所有背景、文化和组织中都适用的金标准。相反，它们应该被教导为适应性工具箱中的一种策略，只有在特定情境下（即在必要信息可得的确定性或风险情况下）才有用。

为了提供一个更准确且可为决策者赋能的决策视角，商学院课程需要转变，应当强调生态理性和智能启发式，而不是逻辑理性及启发式与偏差。以下是我们设想的一个总体思路：

不要回避启发式，而是学会如何使用它们。

要做到这一点，需要遵循以下五项原则：

- 认真对待不确定性。讲授风险和不确定性之间的区别，并阐明在不确定性条件下，期望效用最大化等最优化方法是行不通的。
- 认真对待启发式。讲授基本的启发式类别，展示它们在不确定性或难解性情境中的有效性，并丰富管理者适应性工具箱中的策略。

- 分析生态理性。将任务环境与启发式及其他策略相匹配，提供对特定启发式在何种情境中可能奏效的看法。
- 重视过程。讲授实际的决策过程（如搜索、停止和决策规则）和外部环境的设计，减少对个体心理状态和思维模式的关注。
- 多即是少。讲授在何种条件下复杂的大数据模型会增加成本，导致决策不准确，并降低透明度。

商学院之外的启发式教学

跳出自身领域的局限，了解更多其他领域的实践，可能会带来诸多启发。如果商学院这样做，它们会发现那些备受推崇的学科，如数学和人工智能，实际上非常重视启发式，并以积极的态度向学生介绍启发式。这与典型的商学院课程有两点重要区别。其一，在这些领域中，启发式被视为在不确定性和难解性情境下，发现、解决问题和做出决策的宝贵甚至不可或缺的策略。其二，启发式和分析并非对立关系，这些学科不认为人们只能在启发式和分析方法中选择一种。相反，它们认识到，应该根据任务的不同，灵活使用这两者，在启发式（包括直觉）和分析方法之间来回切换。

以数学为例，虽然它是所有科学领域中最抽象的，但启发式在数学及其教育中却备受推崇。乔治·波利亚的经典著作《怎样解题》就是一个很好的例证。[9] 在该书的第一版序言中，波利亚介绍了两种数学方法：一种是系统的、演绎的，另一种是实验性的、归纳的。第二种方法非常依赖直觉和启发式。这两种方法同样重要，任何一种在数学中都不可或缺。波利亚并没有强调"启发式不是总能找到合适的解题方式"（这是启发式的局限性），而是强调它们积极的一面：它们有潜力带来有效的解决方案。他还介绍了多种用于解决数学问题的启发式，如使用类比或将问题用图表征。

在计算机科学和人工智能领域，启发式也是不可或缺的。一本开创性的教科书直接命名为《启发式》。该书作者朱迪亚·珀尔（Judea Pearl）写道："启发式的研究灵感源于一个令人惊叹的观察——人类凭借'直觉'这一简单且不可靠的信息源，竟能完成如此多的任务。"[10] 这本书的副标题也很有意义：解决计算问题的智能搜索策略。因此，虽然在管理学和部分心理学领域，启发式常被描绘成原始且低劣的策略，但在计算机科学中恰恰相反，启发式被视为智能的代表。

有一个著名的问题：某位旅行销售员想要找到一条经过各个城市的路线，使总行程最短。如果销售员必须访问 100 个城市，即使是一台每秒可以检查 100 万条路线的计算机，也需要大约 2.9×10^{142} 个世纪才能检查完所有可能的路线，以找到最佳方案。而地球的年龄不过是 4.54×10^9 即 45.4 亿年。[11] 相比之下，快速节俭启发式可以迅速找到好的解决方案。比如，其中一种启发式是"总是前往最近的那个未访问的城市"。这个最邻近启发式应用简单，且效果显著。[12] 像这种无论是计算机还是人脑，都无法通过计算实时找到最佳解决方案的问题，被称为"计算难解问题"

（参见第 2 章）。而智能搜索启发式在应对这些问题时表现出色。

如何学习启发式

数学和人工智能等领域充分利用了启发式的简洁性，使其沟通、教学、学习和应用变得更加容易。商学院也可以借鉴这种简洁性。以下，我们将讨论学习启发式的三种方式：进化学习、社会学习和个体学习。这些方式并非互斥，而是相辅相成的。

掌握进化得来的启发式

获得启发式的第一种方式是进化学习。例如，儿童的模仿能力比黑猩猩或其他物种更精确、更广泛。因此，模仿这个至关重要的能力是进化而来的，但模仿的对象（如同龄人、父母、竞争者）则需要后天学习。在商业中也面临相同的挑战：应该模仿谁？"模仿成功者"和"模仿多数人"是在不同情况下应对这一问题的两种启发式。在第 5 章中，我们看到孙正义依靠他的时间机器启发式（一种模仿成功者启发式）将美国成功的商业模式复制到其他国家。这让他在当地市场赢得了先发优势。与此相对，美国快餐公司肯德基在中国及其他亚洲市场采用了模仿多数人启发式，根据当地多数人的口味调整菜单。这一策略帮助肯德基借助已有的流行菜品来增加需求。同样，当公司计划开设电话客服中心时，也可以通过模仿其他公司已在印度建立电话客服中心的行为，落点在印度，利用现有的基础设施和其他资源来减少不确定性。

凝视启发式（在第3章讨论过）是另一个例子。它利用了生物进化出的能力，即在嘈杂的背景下保持对移动物体的凝视。这对计算机来说很难做到，但对动物来说却很容易。这一启发式帮助人们捕捉飞行物体，而无须估计它们的轨迹，同时也能指导导弹击中目标。

虽然启发式利用了我们进化出的核心能力，但并不是每个人都能同样熟练地应用它们，这需要一定的实践。实践需求对学习和教授进化而来的启发式有重要影响，包括像模仿这样的社会启发式。重要的是，它们不能仅通过概念理解来掌握，专业技能的发展主要通过实践。例如，商学院教育可以通过开设在职学位课程，将概念教学与实践机会相结合，使在职学生能够立即将课堂所学应用到实际工作中。

在组织中，员工需要有足够的实践机会来熟练使用启发式。大多数职业棒球运动员从小就开始训练，而且外野手会立即收到反馈（他们是否接住了球）。然而，这种情况很难在商业中复制，尤其是在涉及罕见的战略决策时。而对于其他经常进行的决策，专业知识则可以随时间提升。然而，当组织频繁地将员工从一个任务、职位或部门调动到另一个时，他们重复练习和掌握启发式的机会就减少了。尽管这样的调动通常有充分的理由，包括拓宽员工的经验，但组织需要认识到广度和深度之间往往存在权衡。很少有职业运动员在一项以上的运动中表现出色，除非这些运动都依赖相同的潜在能力。

社会学习启发式

获得启发式的第二种方式是社会学习。社会学习可以是显性或隐性的。隐性学习依赖模仿学习在社会环境中观察到的启发式，显性学习则通过启发式教学来实现。正如之前提到的，启发式教学在其他领域已经取得了成功，这也为商学院提供了一个极具潜力的实用课程方向。此外，快速节俭树已经在医学中被开发和教学，用于诊断和治疗，如缺血性心脏病的诊断和导管感染的治疗。[13] 康斯坦丁诺斯·卡齐科普洛斯及其同事详细解释了如何构建快速节俭树和计数启发式，并描述了这些启发式在何种条件下能够匹敌或优于复杂的机器学习算法。[14] 英国央行与马克斯·普朗克人类发展研究所合作，开发并讲授简单的启发式，以提高金融领域的安全性。[15]

商学院可以借鉴这些项目并进行模仿。例如，可以将构建快速节俭树整合到人力资源课程中，用于做出招聘决策（参见第4章中讨论的马斯克和贝索斯的招聘启发式）。这些优秀的学习材料已经存在，并且可以相对容易地应用到商业情境。[16]

当目标是学习和传授行业与岗位特定的启发式时，可能需要特定的知识。例如，组织学研究者克里斯托弗·宾厄姆（Christopher Bingham）和凯瑟琳·艾森哈特（Kathleen Eisenhardt）在定性研究中发现，一个组织机构所用的启发式是专门针对其独特情境的。[17]

13 在商学院应该学到什么

在这种情况下,第一步是引出一组可能的启发式,然后从中选择一个最合适的子集,最后制订培训计划。

这正是决策研究者加文·梅斯特里(Gavin Maistry)在为保险承保员开发简单法则培训项目时遵循的过程。[18] 承保员决定是否以及以什么价格,为各种风险(如地震、黑客攻击或太空飞行)提供保险。梅斯特里观察到,尽管承保员在评估风险、计算预期成本与利润方面接受了大量的定量培训,但他们没有接受如何进行有效判断的培训。为了弥补这一不足,他设计了一个针对承保员的智能启发式课程。在采访了多名具有多年从业经验的专业承保员,收集了他们在各种情境下的启发式后,他从这些原始资料中提炼出了十条简单法则。这些法则通常是单一巧妙线索启发式(见第3章),即利用一条线索来决定是否接受或拒绝某一风险。其中一条法则是"风险必须是随机和非故意的"。根据这一法则得出的单一巧妙线索启发式是"永远不要为非随机风险提供保险"。其根本原因是,如果个体故意(即非随机地)造成损失,则不应对该损失进行赔偿。

在90分钟的课程中,学员首先针对承保情境进行决策。随后,课程展示、解释并讨论承保启发式。一项有220名被试参加的准随机实验发现,与仅聆听丹尼尔·卡尼曼关于承保决策的讲座的控制组相比,这项培训提高了承保决策的准确性(见图13-1)。该培训对具有一至四年承保经验的初级人员帮助最大。虽然中级和资深人员(分别为具有五至九年和至少十年经验者)也能从中受益,但程度较轻,这可能是因为他们在培训外已经掌握了大部分简单法则。此外，该培训还提高了学员在相似问题上的决策一致性。

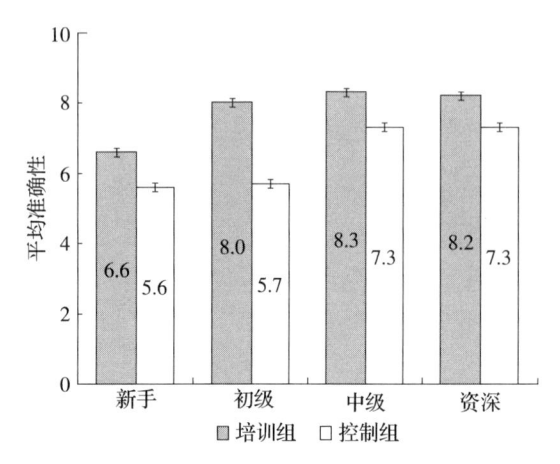

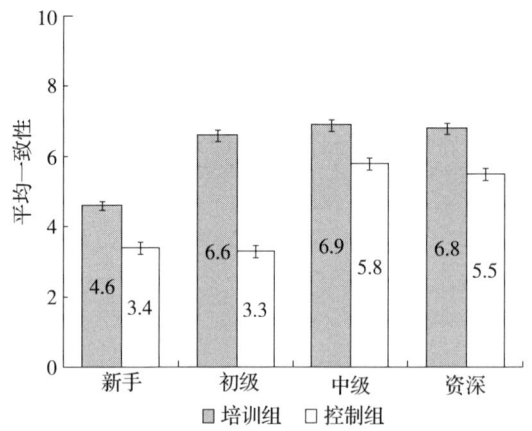

图 13-1　承保启发式应用示例

注：相比于控制条件，一项 90 分钟的系统性启发式培训显著提高了承保决策的准确性和一致性。对于具有一到四年经验的初级承保员，这一益处尤为明显。准确性通过正确决策的数量来衡量，一致性则通过应用相同启发式做出正确成对决策的数量来衡量。这两项指标的最高得分均为 10，误差线代表标准误。基于 Maistry（2019）的研究。

在另一项研究中，研究者们进行了一项随机现场实验，以比较讲授基本财务启发式和典型会计培训课程的培训效果；参与者是来自多米尼加共和国的 1000 多名微型企业家。[19] 启发式培训改善了财务实践、客观报告质量和企业收入，而典型培训则未能达到同样的效果。此外，启发式培训对技能较低，或初始财务实践较差的微型企业家尤其有效，可能是因为他们的启发式工具箱还不够完善。

个体学习启发式

个体学习指的是从自身经验中学习，而非通过他人的帮助（教学）或模仿他人。它并不直接建立在进化而来的核心能力上（如模仿），而以学习心理学中的"操作条件反射学习"为基础。以第 9 章中描述的领导力启发式"先听后说"和"招聘优秀人才，并让他们自由发挥"为例。高管们并不是在商学院中学到这些启发式的；相反，是通过经验和反馈逐步发展出来的。这并不意味着这些启发式是个体专有的。实际上，高管们面临着类似的挑战，例如决定信任谁、将合适的人提拔到领导职位，以及对公司发展方向做出战略决策。因此，他们每个人习得的启发式会表现出相似性，这与生态理性原则是一致的。

同样，宾厄姆和艾森哈特报告称，从个人经验中学习的各种启发式可以归为四个（相对较少）类别。[20] 这些类别包括选择启发式、程序启发式、优先级启发式和时间启发式。例如，选启发式是指导追求哪些机会以及忽略哪些机会的法则。在他们的研究中，一家美国公司使用选择启发式"将国际化限制在讲英语的市场"，而一家芬兰公司则用它来国际化其业务，首先从瑞典开始进入北欧日耳曼语系国家。

如何改变商学院教育、以支持领导者和组织从自身经验中学习启发式？本特·弗莱维贝尔格（Bent Flyvbjerg）提供了一个建设性的例子。[21] 他设计了一个工作坊，通过以下五个有序步骤来帮助领导者获得启发式：

第1步：介绍启发式概念，强调其作为决策策略的价值。

第2步：提供领导力启发式的示例。

第3步：让参与者选择与他们产生共鸣的启发式，并解释原因。

第4步：让参与者形成自己的启发式，可以源自他们的工作经验、迄今为止讨论的启发式，以及过往的成功案例。

第5步：让参与者在小组内分享他们最喜欢的启发式，并解释这些启发式是如何帮助他们的。

这些工作坊通常在20～30名领导者组成的小组中进行，这些人大多拥有20年以上的领导经验，这营造了一个适合反思和开放分享的环境。根据弗莱维贝尔格的说法，工作坊的一个关键好处是，领导者能够更明确地理解他们一直直觉地使用、但几乎没有意识到的启发式。通过将启发式显性化，领导者可以更容易地与团队进行沟通并教授这些启发式。此外，组织也可从这种知识迁移中受益，因为这些知识之前是隐性的，可能会随着领导者的离开而流失。

受弗莱维贝尔格启发，我们制定了一个用于在商学院讲授启发式的六步法（见图13-2）。鉴于普遍存在的误解（即启发式不如分析方法这一信念），首先是积极地将启发式描述为应对VUCA世界的智能决策策略；接下来，会介绍适应性工具箱、生态理性以及管理中不同类别的智能启发式，并结合管理中的具体例子（第一步和第二步）。然后，鼓励学生反思并分享他们现有的智能启发式（第三步和第四步）。在此基础上，让他们开发一

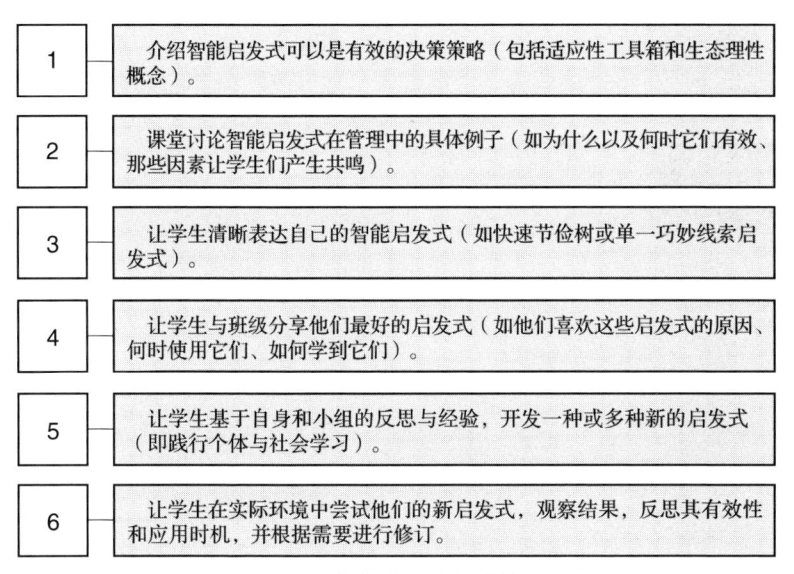

1	介绍智能启发式可以是有效的决策策略（包括适应性工具箱和生态理性概念）。
2	课堂讨论智能启发式在管理中的具体例子（如为什么以及何时它们有效、那些因素让学生们产生共鸣）。
3	让学生清晰表达自己的智能启发式（如快速节俭树或单一巧妙线索启发式）。
4	让学生与班级分享他们最好的启发式（如他们喜欢这些启发式的原因、何时使用它们、如何学到它们）。
5	让学生基于自身和小组的反思与经验，开发一种或多种新的启发式（即践行个体与社会学习）。
6	让学生在实际环境中尝试他们的新启发式，观察结果，反思其有效性和应用时机，并根据需要进行修订。

图13-2　智能启发式教学的六步法

注：智能启发式教学的六步法。该方法从将启发式作为有效策略引入（第一步和第二步）开始，接着反思和分享智能启发式（第三步和第四步），最后开发和应用新的启发式（第五步和第六步）。

种或多种新的智能启发式(第五步),并在决策中使用这些启发式,仔细观察其效果,同时根据需要进行调整(第六步)。

学习如何选择启发式

进化学习、社会学习和个人学习造就了管理者的适应性工具箱。管理者还需要学习如何根据手头的决策任务,从他们的适应性工具箱中选择合适的启发式。许多研究表明,人们确实会根据环境的需要在不同的启发式之间切换。例如,在占优线索情境中(见第3章图3-6),决策者采用单一理由启发式,但当信息环境改变为均衡线索条件时,他们转向计数启发式。[22] 尽管决策者对结构变化一无所知,但他们仅仅通过个人学习,就能转向更具生态理性的启发式。

相同的适应性启发式选择也被证明适用于管理者。在一项实验中,我们要求经验丰富的管理者(平均有超过22年的管理经验)根据三条线索(即员工绩效的均值、趋势和方差),做出关于雇用或解雇员工的决策。[23] 通过认知建模,我们发现大多数管理者使用快速节俭树做决策。此外,他们倾向于根据决策任务调整决策树的具体结构(见图13-3)。具体来说,当他们被要求只给绩效排名前25%的员工发放奖金时,大多数人使用了一个具有更保守出口结构的快速节俭树(有关保守和宽松快速节俭树的示例见第4章图4-3)。当同样的管理者被要求解雇表现最差的25%的员工时,大多数人使用了一个具有更宽松出口结构的决策树。这种决策出口的调整是生态理性的，因为在前一种情况下，只有少数员工能获得奖金，而在后一种情况下，应该保留大多数员工。

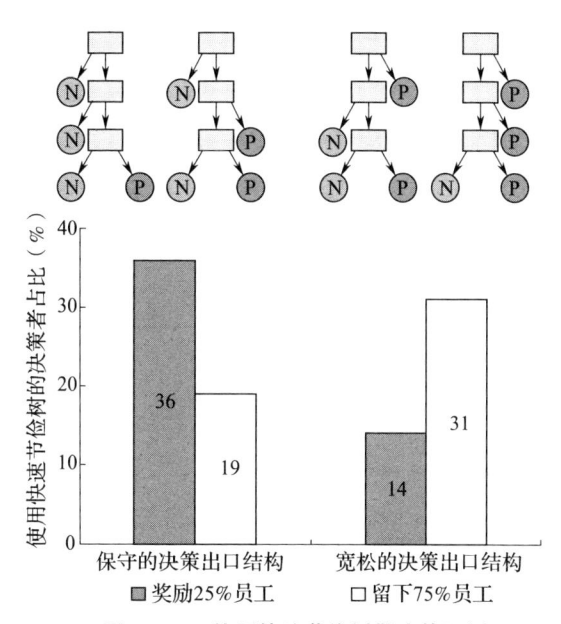

图13-3　使用快速节俭树做决策示例

注：经验丰富的管理者会根据任务需求调整使用的快速节俭树的出口结构。在一种条件下，他们只能给前25%的员工发放奖金，大多数管理者使用了两种具有保守出口结构的决策树之一（例如，只有满足了所有要求才发放奖金）。在另一种条件下，同样的管理者必须解雇表现最差的25%的员工（因此需要保留75%的员工），他们中的大多数使用了两种具有宽松出口结构的决策树之一（例如，只要满足至少一个要求就保留员工）。左边的两种决策树是保守的，因为它们以"N"（negative）开始，即在第一个分支处做出负面决策（没有奖金或不被保留）。而右边的两种决策树是宽松的，因为它们以"P"（positive）开始，即在第一个分支处做出正面决策（有奖金或被保留）。

启发式的选择可以通过更新适应性工具箱中的内容来实现。如本章前面提到的研究中，宾厄姆和艾森哈特发现管理者们学习了一系列智能启发式，并通过一个循环过程定期更新：更智能的启发式取代了效果较差的启发式，而不再适用的启发式则被剔除。[24] 这确保了在工具箱中的启发式数量保持在可管理的范围内，同时提高了质量。例如，在他们的研究中，一家总部位于美国的软件公司最初采用的国际化启发式是"只扩展到讲英语的市场"，这与公司内部使用的语言一致。然而，在进入了澳大利亚和英国等市场后，该公司取消了这一启发式，以抓住在法国、德国和韩国等国家的商业机会。

为了促进员工在个体和社会学习中对启发式生态理性的理解，组织可以让员工接触各种任务和部门，从而使他们通过经验和向他人学习，不断丰富和完善自己的适应性工具箱。通过在其他国家的外派任务，也可以让管理者接触到不同文化中的启发式，进一步促进这一学习过程。然而，正如我们在本章前面所提到的，广度和深度之间存在权衡。管理者接触的情境和启发式越多，但接触时间越短，他们在这些启发式的应用上就越难达到精通。对于组织而言，拥有通才和专家的组合可能会带来更大好处，因为通才拥有高度多样化的适应性工具箱，而专家则非常擅长使用有限的启发式组合。

重新思考决策学习

在全球范围内，任何时候都有大约 25 万名学生在攻读 MBA 课程。他们将从课程中获益，能更好地适应等待他们的 VUCA 世界。在这样的世界中，情境是模糊的、问题是难解的、未来是不可预知的。商学院教育应该积极加强学生学习、选择和运用不确定条件下决策所需的启发式的能力。为此，他们应该认识到风险和不确定性之间最根本的区别。为了应对风险，目前的侧重点是合适的，即讲授概率理论、复杂决策树、净现值计算和期权定价等分析方法。为了应对不确定性，则需要将侧重点扩展到适应性启发式及其生态理性。这包括但不限于：单一理由的招聘法则、品牌再认启发式、定价的满意化法则以及产品模仿等社会启发式。如果现实世界的问题同时包含风险和不确定性，建议同时结合两种方法。课程的第一步是讲授适应性工具箱；第二步是促进对启发式生态理性的理解，这也是更大的挑战。

在本书的开头，我们探讨了三位诺贝尔经济学奖得主如何区分风险和不确定性。在结尾处，我们强调本书两个最为关键的要点。其一，认真对待不确定性，不要将其简单地等同于风险；其二，不要回避启发式，而是要学会巧妙地使用它们。牢记这两点，将有助于我们在充满突发事件的未来做出明智决策，无论这个未来是好还是坏。

术　语

1/N：一种将资源平均分配到 N 个选项中的均衡启发式。

适应性工具（adaptive toolbox）：个体、团队或组织习得的用于决策的一系列启发式。

模糊性（ambiguity）：一种小世界特有的情境；在该情境下，所有可能且互斥的未来状态 S 及其后果 C 都是已知的，但状态的概率未知。

期望水平（aspiration level）：满意启发式中的停止规则，即选择满足期望水平的第一个选项，并就此结束信息搜索。期望水平可视情况而调整。

偏差—方差困境（bias-variance dilemma）：即偏差（平均预测值与真实值之间的差异）和方差（模型对数据噪声的敏感性）之间的权衡。偏差和方差是预测误差的重要构成成分，通常情况下，减少偏差会增加方差，反之亦然。

构建模块（building blocks）：启发式的基本组成部分，包括搜索规则、停止规则、决策规则等。不同规则可以通过重新排列组合生成新的启发式。

交叉验证（cross-validation）：一种用于评估模型预测准确性

的方法。具体而言，该方法将数据集分为两部分：学习样本和测试样本。学习样本用于估计模型的自由参数，测试样本则用于检验估参后的模型的预测准确性。

防御性决策（defensive decision making）：虽然管理者认为选项 A 是对公司最有利的选择，但是为了保护自身利益而选择了一个更差的选项 B。防御性决策的动机通常包括害怕面对诉讼、声誉受损或失去工作。

差值推理（delta-inference）：将线索按有效性排序，依次进行搜索。一旦出现某一选项与另外选项的差值大于一个设定的阈值时，便在该线索上停止搜索，并选择线索值更优的那个选项。

占优线索情境（dominant-cue condition）：在与任务相关的线索中，存在一个强有力的线索，其权重超过所有其他线索权重之和。在该情境中，没有一个线性模型能比单一巧妙线索启发式做出更准确的决策。

生态理性（ecological rationality）：一个策略的好坏取决于其与任务环境的适配度。生态理性是关于在何种环境条件下某一策略的表现优于其他策略的研究。

努力—准确性权衡（effort-accuracy trade-off）：一种认为较少的努力（例如采用简单启发式）通常会导致较低的决策准确率的观点。但这只在涉及风险的小世界中成立，在不确定的大世界中则不一定成立。

均衡启发式（equality heuristics）：一种对所有线索给予相同权重或在所有选项中平均分配资源的启发式，比如计数启发式和

$1/N$ 启发式。

错误应对文化（error culture）：一个组织处理错误的方式。积极的错误应对文化承认错误，并通过总结犯错的原因而避免再犯同样的错误。消极的错误应对文化则掩盖错误，如果无法掩盖，就找人承担过错；这种文化往往会导致类似的错误在未来继续发生。

假阴性率（false-negative rate）：在拥有某种特征的人群中，测试结果为阴性（即漏判该特征）的比例。在疾病诊断场景中，假阴性率指的是实际患病的人中检测结果为阴性的人数比例；在招聘场景中，指的是优秀应聘者中被错误淘汰的人数比例。

假阳性率（false-positive rate）：在不拥有某种特征的人群中，测试结果为阳性（即虚判该特征存在）的比例。在疾病诊断场景下，假阳性率指的是健康人群中被诊断为患病的人数比例；在招聘场景中，指的是不合格的应聘者被错误录取的人数比例。

快速节俭树（fast-and-frugal tree）：一种由 n 个线索和 $n+1$ 个决策出口构成的决策树，最后一个线索有两个出口，其他每个线索均有一个出口。

拟合（fitting）：基于数据集中的所有数据来估计模型的自由参数，并通过模型对整个数据集的拟合程度来评估模型的准确性。

流畅启发式（fluency heuristic）：选择第一个出现在脑海中的选项。该启发式对那些能根据选项有效性依次生成选项的专家来说是生态理性的。

凝视启发式（gaze heuristic）：将视线固定在一个物体上，在凝视角度保持不变的同时调整移动速度（示例见图 3-3）。该启发式常用于接近移动或固定的物体，如接一个在空中飞行的棒球、降落飞机或拦截猎物。

启发式（heuristic）：一种允许人们在有限信息搜索的情况下快速做出决策的策略或方法。在大世界任务中，不确定性和难解性使得人们无法依赖优化工具，启发式在该情境中是不可或缺的。

间隔启发式（hiatus heuristic）：如果客户在 x 个月或更长时间内没有购买任何东西，则将其归类为不活跃用户，否则归类为活跃用户。

确定性幻觉（illusion of certainty）：相信事件的后果和发生概率是非常确定的，或者尽在掌控之中，尽管事实并非如此；与之相通的观点是认为所有问题都可以用小世界模型来描述。

模仿多数人（imitate-the-majority）：模仿同伴或同行中大多数人的行为或做法。

模仿成功者（imitate-the-successful）：模仿某个领域内最成功的产品、商业模式或做法，或者模仿最成功的人的行为。

难解性（intractability）：一种大世界特有的情境；在该情境中，虽然条件和信息明确，但无法通过计算得出最佳行动方案，如国际象棋、围棋和许多调度问题。

直觉（intuition）：一种基于多年经验、迅速出现在意识中、但不清楚其产生理由的感觉。

大世界（large world）：指无法确定最佳行动方案的情境，分为两种：不确定性和难解性。在不确定性情境中，问题界定不清，所有可能且互斥的未来状态 S 及其后果 C 未知或不可知；在难解性情境中，问题界定清晰，但无法通过计算得出最佳行动方案。

领导者的适应性工具箱（leader's adaptive toolbox）：领导者可用的一系列启发式。领导者需要具备一定的技能才能选择最合适的启发式解决手头的问题。

少即是多（less-is-more）：使用较少信息或计算反而做出更准确决策的现象。

单一巧妙线索启发式（one-clever-cue heuristic）：一种依赖单一理由来做出决策的启发式，如间隔启发式和埃隆·马斯克的招聘启发式（详见第 4 章）。

单一理由决策（one-reason decision making）：一类基于单一理由做出决策的启发式，包括单一巧妙线索启发式和顺序搜索启发式。

最优化（optimization）：确定一个函数最大值或最小值的过程，只有在小世界中才可行。对决策而言，最优化意味着找到最佳的行动方案。

跨人群预测（out-of-population prediction）：模型在一类人群的数据中训练（即明确其参数）但用于对另一类人群的预测。

外样本预测（out-of-sample prediction）：由交叉验证方法而得出的模型预测，即在数据集的一部分（学习样本）中估计模型参数，并在同一数据集的另一部分（测试样本）中评估模型的预测效果。

近期启发式（recency heuristic）：预测下一阶段的变化程度将与近期的变化程度相同。该启发式在快速变化和波动较大的情境下（如预测多变的市场需求）是生态理性的。

再认启发式（recognition heuristic）：如果两个选项中有一个被识别而另一个未被识别，则推断被识别的那个选项在效标变量上的水平更高。该启发式在能否识别与效标之间有强相关性的情况下是生态理性的。

风险（risk）：一种小世界特有的情境；在该情境下，所有可能的未来状态 S 以及每一状态的可能后果 C 及其概率都是已知的。

满意启发式（satisficing）：一种设定期望水平为 α 并选择第一个满足该水平选项的启发式。它有两个版本：（1）固定期望水平的满意启发式，即 α 恒定不变；（2）可调期望水平的满意启发式，即在搜索期 β 之后若未找到满意的选项，则下调 α，幅度为 γ。

小世界（small world）：指所有可能且互斥的未来状态 S 及其后果 C 均已知的情境。该术语来自伦纳德·萨维奇。与大世界不同，小世界中永远不会发生新的或者意外的事件。如果后果的概率也是已知的，那么该小世界被称为风险情境；如果不是，则为模糊情境。

智能启发式（smart heuristic）：符合生态理性的启发式，即在特定的任务环境中，使用该启发式将会做出优于其他策略或启发式的决策。

社会启发式（social heuristics）：一种完全依赖社会信息的启发式，如参考口碑和模仿成功者。

速度—准确性权衡（speed-accuracy trade-off）：一种声称启发式必须牺牲准确性以换取速度的观点。该观点在风险情境下是正确的，但在不确定情境下则不成立。

稳定世界原则（stable-world principle）：复杂算法在数据充足、定义明确、稳定的任务情境中效果最佳；而启发式在定义不明确、不稳定、不确定性高的任务中效果最佳。该原则有助于理解复杂人工智能算法能成功解决哪些问题，以及简单算法或启发式在哪些方面表现更好。

最优线索启发式（take-the-best）：按线索有效性顺序进行信息搜索，并在备选项得分出现差异的第一个线索处停止搜索。当线索权重呈指数下降（即每个线索的权重大于尚未搜索的线索的权重之和）时，该启发式是生态理性的。

计数启发式（tallying）：均衡启发式的一种。其过程为：首先设定一个 k 值，如果决策或预测的目标有大于或等于 k 数量的正向线索值，则将其分类为 X；否则，不是 X。在所有线索的权重相等或接近的情况下，该启发式是生态理性的。

以牙还牙（tit-for-tat）：先合作，然后模仿对手上一轮的行为。在多次囚徒困境博弈中，该策略在对抗很多其他策略时都非常有效。

透明性（transparency）：如果用户能够理解、记住、讲授和执行某算法，该算法则具有透明性。简单法则体现了透明性。

透明性—准确性权衡（transparency-accuracy trade-off）：该观点声称算法（包括机器学习算法和启发式）必须牺牲透明性以换取准确性。但这在很多情况下并不成立，因为启发式可以兼顾透明性和准确性。

不确定性（uncertainty）：一种大世界特有的情境；在该情境中，所有可能且互斥的未来状态 S 及其后果 C 未知或不可知。不同于小世界情境，不确定性会阻碍最优化，却为创新提供了驱动力。人们常常将不确定性与模糊性（一种小世界情境）相混淆。

单位加权（unit-weighting）：均衡启发式的一种，用赋予所有线索相同权重的方法做出判断。

VUCA 世界（VUCA world）：一个具有高度波动性、不确定性、复杂性和模糊性的世界；在本书中，它等同于大世界。具体而言，V（volatility/波动性）涉及随时可能出现的意外变化，U（uncertainty/不确定性）和 C（complexity/复杂性）则与难解性同义，A（ambiguity/模糊性）指代不确定性的各个方面。

群体智慧（wisdom-of-crowds）：社会启发式的一种，通过平均许多人的独立判断来估计一个数量值。

口碑启发式（word-of-mouth）：一种根据他人的推荐来做决定的社会启发式，如招聘时让在职员工推荐合适的人选。

注 释

1

1. Franklin（1907/1779）。
2. Ariely（2008）；Kahneman（2011）。
3. Knight（1921）。
4. 诺贝尔奖拓展活动（2022）。
5. Friedman 等（2014，第 3 页）。
6. Geman、Bienenstock 和 Doursat（1992）。
7. Simon（1988，第 286 页）。
8. 源于与 Kathleen Simon Frank 在 2019 年 1 月 26 日的私人通信。
9. Bower（2011）。
10. DeMiguel、Garlappi 和 Uppal（2009）。
11. 这个版本来自 Gigerenzer（2007）。
12. Selten（1978，第 132—133 页）。
13. Admati 和 Hellwig（2013）。
14. Gigerenzer 和 Selten（2001）。
15. 比如 Gigerenzer, Hertwig 和 Pachur（2011）。

2

1. Holton（1988）。
2. Pólya（1945）。
3. Marcus 和 Davis（2019）。

4. Simon（1955）。
5. Tversky 和 Kahneman（1974）；Kahneman（2011）。
6. Gilbert-Saad、Siedlok 和 McNaughton（2018）。
7. Gigerenzer、Todd 和 the ABC Research Group（1999）；Gigerenzer 和 Selten（2001）。
8. Savage（1954, 第 16 页）。
9. Savage（1954, 第 9 页）。
10. Kay 和 King（2020）。
11. Meda 等（2022）。
12. Luce 和 Raiffa（1957）。
13. Tversky 和 Kahneman（1974）。
14. DeMiguel、Garlappi 和 Uppal（2009）。
15. Elton、Gruber 和 de Souza（2019）。
16. 引自 Posner（2009, 第 287 页）。
17. Knight（1921）。
18. Kahneman（2011）。有许多这两个对立系统的不同版本。
19. Kruglanski 和 Gigerenzer（2011）。
20. Johnson 和 Raab（2003）。
21. Beilock 等（2004）。
22. Klein（2018）。
23. West、Acar 和 Caruana（2020）。
24. Baum 和 Wally（2003）。
25. Shah 和 Oppenheimer（2008）。
26. Artinger 等（2018）；Wübben 和 von Wangenheim（2008）。
27. Lazer 等（2014）。
28. Katsikopoulos et al.（2022）。

3

1. Popomaronis（2021）。
2. 美国平等就业机会委员会诉综合服务系统案（1993）。
3. Serwe 和 Frings（2006）。
4. Hertwig 等（2008）。
5. Collett 和 Land（1975）。
6. Hamlin（2017）。
7. Sull 和 Eisenhardt（2015）。
8. Luan 和 Reb（2017）。
9. Easterbrook（2008）。
10. Easterbrook（2009）。
11. Luan、Schooler 和 Gigerenzer（2014）。
12. McCammon 和 Hägeli（2007）。
13. Lichtman（2016）。
14. Dawes 和 Corrigan（1974，第 105 页）。
15. DeMiguel、Garlappi 和 Uppal（2009）。
16. Hertwig、Davis 和 Sulloway（2002）。
17. Artinger 和 Gigerenzer（2016）。
18. Todd 和 Miller（1999）。
19. Tomasello（2019）。
20. Galton（1907）。
21. Grill-Goodman（2021）。
22. Gigerenzer（2021）。
23. Katsikopoulos 和 Martignon（2006）。
24. Brighton 和 Gigerenzer（2015）。

4

1. Morris 和 Sellers（2000）。
2. 新西兰先驱报（2000）。
3. Sackett 和 Lievens（2008）。
4. Popomaronis（2021）。
5. Schmidt 和 Hunter（1998）。
6. Popomaronis（2020）。
7. Ock 和 Oswald（2018）。
8. Schmidt 和 Hunter（1998）。
9. Luan、Reb 和 Gigerenzer（2019）。
10. Schmidt 和 Hunter（1998）。
11. Lipshitz 等（2001）。
12. Haunschild 和 Miner（1997）。
13. Dustmann 等（2016）。
14. Beaman 和 Magruder（2012）。
15. 美国平等就业机会委员会诉综合服务系统案（1993）。
16. 美国司法部（2022）。
17. 美国平等就业机会委员会（2022）。
18. Feng 等（2020）。
19. Fifić 和 Gigerenzer（2014）。
20. Sackett 和 Lievens（2008）。
21. Highhouse（2008）。
22. Google（无日期）。
23. 参见 Kruglanski 和 Gigerenzer（2011）。
24. Cappelli（2019）。
25. Luan 和 Reb（2017）。

26. Cohan（2012）。

27. Blume、Baldwin 和 Rubin（2009）。

28. Kruglanski 和 Gigerenzer（2011）；Melnikoff 和 Bargh（2018）。

5

1. SoftBank（2000，第 4 页）。

2. Chanchani 和 Rai（2016）。

3. Cowan（2012）。

4. Levitt（1966，第 3 页）。

5. McDonald 和 Eisenhardt（2020）。

6. Golder 和 Tellis（1993）。

7. Carlier（2022）。

8. Levitt（1966，第 4 页）。

9. Shankar 和 Carpenter（2012）。

10. 在策略研究者 Pamela Haunschild 和 Anne Miner（1997）的研究术语中，"模仿成功者"被称为基于结果的模仿，而"模仿大多数"则被称为基于频率的模仿。她们还给出了第三种可能，称其为"基于特征的模仿"，即模仿某些产品的某些特征。

11. Sharapov 和 Ross（2023）。

12. Eisenhardt 和 Sull（2001）。

13. Eisenhardt 和 Sull（2001）。

14. 另见第 9 章中从 Andy Grove 和 Gordon Moore 这两位英特尔领导者的视角探讨这一决策的内容。

15. Sull 和 Eisenhardt（2015）。

16. Artinger 和 Gigerenzer（2016）。

17. Thomadsen（2007）。

18. Berg（2004）。

19. Gigerenzer（2022a）。

20. Bingham 和 Eisenhardt（2011）。

6

1. Cristofaro 和 Giannetti（2021）；Gilbert-Saad、Siedlok 和 McNaughton（2018）；Guercini（2012）；Harrison、Mason 和 Smith（2015）；Maxwell、Jeffrey 和 Levesque（2011）。

2. Manimala（1992）。

3. 脸书创始人马克·扎克伯格早期受到了一个名为 Hot or Not 的网站启发，这个网站让用户对男女的外貌打分（1～10 分）。当时还是哈佛大学本科生的扎克伯格在未经许可的情况下，入侵女生宿舍的网站，并下载了女生们的照片。这些照片最初来自纸质的"脸书"，即以前美国大学里发给学生的纸质通讯录，里面有学生的照片和基本信息。参见 Farnham（2014）。

4. Hastings 和 Meyer（2020）。

5. Schumpeter（1911，1942）。

6. Zetlin（无日期）。另见奈飞联合创始人 Marc Randolph 和 Reed Hastings 在 Randolph（2019）以及 Hastings 和 Meyer（2020）中的叙述。

7. Sherden（1998，第 174—175 页）。

8. 3M（无日期）。

9. 以下内容基于 Lukas（2003）。

10. 引自 Collins 和 Porras（2002，第 150 页）。

11. 谷歌联合创始人拉里·佩奇在 2004 年"创始人首次公开募股信"中提到了支持"20% 时间"法则的原因，信件可从 https://abc.xyz/investor/founders-letters/2004-ipo-letter/ 获取。

12. Govindarajan 和 Srinivas（2013）。

13. 引自 Lukas（2003）。原文中使用了男性代词。

277

14. 此处和下一处都引自 Lukas（2003）。

15. 科学史研究所（2020）。

16. Pahl 和 Beitz（1996）。

17. Rajshekhar（2021）。

18. Vitsoe（无日期）。

19. Seifert 等（2016）。

20. Yilmaz、Seifert 和 Gonzalez（2010，第 335 页）。

21. 以下内容基于 Davis（2017）。

22. 引自 Mangalindan（2018）。

23. Stigler（1980）。

24. Bondy，引自 Gigerenzer（2002，第 23 页和第 260 页）。

7

1. Gray（1998）。

2. Brett（2007）。

3. Caputo（2013）。

4. Korobkin 和 Guthrie（2003，第 798 页）。

5. Rackham（2007）。

6. 联合国（无日期）。

7. Gigerenzer（2018）。

8. Rackham（2007）。

9. Maddux、Mullen 和 Galinsky（2008）。

10. Swaab、Maddux 和 Sinaceur（2011）。

11. Heyes 和 Catmur（2022）。

12. Cosmides 和 Tooby（1992）。

13. Kumayama（1990）。

14. 引自 Siedel（2014，第 39 页）的报道。

15. Thuderoz（2017）。

16. Tey 等（2021）。

17. Rapoport 和 Chammah（1965）。

18. Axelrod（1984）。

19. Nowak 和 Sigmund（1993）。

20. Duersch、Oechssler 和 Schipper（2012）。

21. Oosterbeek、Sloof 和 Van De Kuilen（2004）。

22. Fehr 和 Schmidt（1999）。

23. Binmore 和 Shaked（2010）。

24. Druckman 和 Wagner（2016）。

25. Brett（2007）。

26. Galinsky 和 Mussweiler（2001）。

27. Loschelder 等（2016）；Maaravi 和 Levy（2017）。

28. Schweinsberg 等（2012）。

8

1. Duhigg（2016）。

2. Woolley 等（2010）。

3. Kozlowski 和 Ilgen（2006）。

4. Salas 等（2015）。

5. Moon（2020）。

6. Whitfield（2008，第 723 页）。

7. Brandt（2011）。

8. Casali（2015）。

9. Mannes、Soll 和 Larrick（2014）。

10. Luan 和 Herzog（2022）。

11. Budescu 和 Chen（2015）。

12. Stewart（2012）。

13. Tetlock（2003，第 324 页）。

14. Tan、Luan 和 Katsikopoulos（2017）。

15. Ferrazzi（2014）。

16. Walther 和 Bunz（2005）。

17. 维基百科（无日期）。

18. Logan 等（2010）。

19. Ostrom（1990）。

20. Stone（2011）。

21. Deliso（2022）。

22. Goodell（2011）。

9

1. 学会最初名为威廉皇帝学会（Kaiser Wilhelm Society），在 1947 年更名为马克斯·普朗克学会（Max Planck Society）。在哈纳克之后，马克斯·普朗克于 1930 年至 1937 年担任该学会的第二任主席。

2. Gigerenzer（2022b）。

3. Dunbar（1998）。

4. 参见 van Vugt、Hogan 和 Kaiser（2008，第 191 页）；另见 Boehm（1999）。

5. Day（2012）。

6. DeRue 等（2011）。最高相关系数为 0.31，且许多相关系数低于 0.10。

7. Fiedler（1964）。

8. Vroom 和 Jago（1988，2007）。

9. Judge 和 Piccolo（2004）。

10. Day（2012）。

11. Fairchild（1930，第 5 页）。

12. Drucker（2006，第 113 页）。

13. March 和 Simon（1958）；Simon（1947）。
14. Gigerenzer（2014）。
15. Maidique（2012）；另见 Gigerenzer（2014，第 115—116 页）。
16. Walumbwa、Maidique 和 Atamanik（2014）。
17. Gigerenzer（2014）。
18. Ma 和 Tsui（2015）。
19. Lynn（1999，第 164 页）。
20. Ma 和 Tsui（2015）。
21. Grove（1996）。
22. Quigley 等（2019）。
23. 共同通讯社（2021）。
24. Flyvbjerg（2021）。
25. Molinari（2020）。
26. Boos 等（2014）。
27. Lord、Foti 和 De Vader（1984）。
28. Li、van Vugt 和 Colarelli（2018）。
29. 参见 van Vugt、Johnson 等（2008）。
30. Janson 等（2008）。
31. Lind（2001）；van den Bos 和 Lind（2002）；Proudfoot 和 Lind（2015）。
32. Mintzberg（1973，2013）。
33. Simon（1971，第 40—41 页）。
34. Davenport 和 Beck（2001）；Goldhaber（1997）。
35. McMahon 和 Ford（2013，第 70 页）。

10

1. Welch 的引用来自 Akerlof 和 Shiller（2009，第 14 页）。
2. Dörfler 和 Eden（2019）。

3. Ariely（2008）。
4. Thaler 和 Sunstein（2008）。
5. Calaprice（2011，第 477 页）将这句话标注为"可能是爱因斯坦说的"。
6. Gigerenzer（2007，2023）。
7. Gigerenzer（2014）。
8. Gigerenzer（2014）。
9. 以下结果来自 Gigerenzer（2014）。
10. Artinger、Artinger 和 Gigerenzer（2019）。
11. Klein（2018，第 24 页）。
12. Gigerenzer（2019）。
13. Johnson 和 Raab（2003）；Klein（2018）。
14. Hertwig 等（2008）。
15. Klein（2018）。
16. 德文原文是"Wenn's denkst, ist's eh zu spät"（参见 Eichler，2021）。
17. Beilock 等（2004）。

11

1. Gigerenzer（2014）。
2. Katsikopoulos 等（2022）。
3. 新加坡税务局（2022）。
4. Tavris 和 Aronson（2007）。
5. Gigerenzer（2014）。
6. Lejarraga 和 Pindard-Lejarraga（2020）。
7. Gigerenzer（2014）。
8. Artinger 等（2019）。
9. Artinger 等（2019）。
10. Kanzaria 等（2015）。

11. Studdert 等（2005）。

12. 这一估算数据来自一封写给犹他州参议员 Orrin G. Hatch 的信；详情参见 https://www.cbo.gov/sites/default/files/111th-congress-2009-2010/reports/10-09-tort_reform.pdf。

13. Katz（2019）。

14. "火鸡幻觉"可能源自哲学家伯特兰·罗素（Bertrand Russell）在 1912 年发表的《哲学问题》一书第六章中关于归纳法的讨论。该故事也出现在 Taleb 和 Blyth（2011）的著作中。

15. 根据数学家 Pierre-Simon Laplace 的连续性法则，如果某事已经发生了 n 次，则它再次发生的概率等于 $(n+1)/(n+2)$。在此情境下，概率约为 99%（100/101）。参见 Gigerenzer（2014）。

16. VIX 数据可在 https://www.cboe.com/us/indices/dashboard/vix/ 获取。

17. 引自 Makridakis、Hogarth 和 Gaba（2019，第 796 页）。

18. 引自 Posner（2009，第 287 页）。

19. 可参见 M. Friedman（2007）等著作。

20. 该例子见于 Haldane（2012）。

21. Montgomery（2020）。

22. Kay 和 King（2020）。

23. Knight（1921）。

24. 以下例子来自 Sull 和 Eisenhardt（2015）。

25. Eisenhardt（1989，1990）。

26. Helmreich 和 Merritt（2000）。

27. 可在 Kohn 等（2000）一文中找到关于美国医院因可预防的医疗失误而导致患者死亡的估计数据。

28. James（2013）。

29. Gigerenzer（2014）。

30. Kahneman、Sibony 和 Sunstein（2021）。

31. Keith 和 Frese（2011）。

32. 参见 van Dyck 等（2005）。

33. Artinger 等（2019）。

12

1. Lohr（2021）。

2. Axryd（2019）。

3. White（2019）。

4. Greenstein 和 Rao（无日期）。

5. Gigerenzer（2022a）。

6. Wade（1988）。

7. Wübben 和 von Wangenheim（2008）。

8. Artinger 等（2018）。

9. Artinger、Kozodi 和 Runge（2020）。

10. Gigerenzer（2022a）。

11. Champion（2023）。

12. Luan 等（2019）。

13. 学习机会通过随机样本的大小（n）进行操控。n 有三种条件：30、100 和 1000，分别对应稀缺、中等和充足的学习机会。在每种条件下，我们从一个包含超过 5 万对应聘者的数据库中随机抽取了 5000 个样本，用以计算模型的平均预测准确率。更多细节请参见第 4 章，图 12-3 显示了每个模型的平均预测准确率。

14. Rudin（2019）。

15. 新华社（2022）。

16. Li、Mu 和 Luan（2022）。

17. Green 和 Mehr（1997）。

18. Katsikopoulos 等（2020）。也可以使用 Nathaniel Philips、Hansjörg Neth 及其同事开发的网络工具，网址为 https://econpsychbasel.shinyapps.io/

shinyfftrees，或者通过下载免费的 R 包构建快速节俭树，网址为 https://cran. r-project. org/web/packages/FFTrees/index. html。

19. Roberts 等（2021）；Wynants 等（2020）。
20. Heaven（2021）。
21. Wong 等（2021）。
22. Ross（2022）。
23. Salinas 和 Meredith（2018）。

13

1. Gregg（无日期）。
2. C-SPAN（无日期）。
3. Mintzberg（2017）。可访问以下网址看到 Mintzberg 其他有关管理的有趣博客：https://mintzberg. org/blog。
4. 引自 Miller 和 Xu（2016，第 286 页）。
5. 引自 Miller 和 Xu（2019，第 285 页）。
6. Hammond（2000）。
7. Lejarraga 和 Pindard-Lejarraga（2020）。
8. Bettis（2017）；Hambrick（2007）。
9. Pólya（1945）。
10. Pearl（1984，第 XI 页）。
11. Yanofsky（2013）。
12. Johnson 和 McGeoch（1997）。
13. Naik 等（2017）；Wegwarth、Gaissmaier 和 Gigerenzer（2009）。
14. Katsikopoulos 等（2020）。
15. Aikman 等（2021）。
16. Gigerenzer、Hertwig 和 Pachur（2011）；Katsikopoulos 等（2020）；Wegwarth 等（2009）。

17. Bingham 和 Eisenhardt（2011）。
18. Maistry（2019）。
19. Drexler、Fischer 和 Schoar（2014）。
20. Bingham 和 Eisenhardt（2011）。
21. Flyvbjerg（2021）。
22. Pachur（2022）；Rieskamp 和 Otto（2006）。
23. Luan 和 Reb（2017）。
24. Bingham 和 Eisenhardt（2011）。